Jonas Gampe

# Permakultur im Hausgarten

Handbuch zur
Planung und Gestaltung

Mit vielen Beispielen

ökobuch

Alle Angaben und Arbeitsanleitungen in diesem Buch wurden nach bestem Wissen und Gewissen zusammengestellt, eine Gewähr für die Richtigkeit wird jedoch nicht übernommen. Infolgedessen lassen sich für die praktische Umsetzung des hier Dargestellten keine Haftungsansprüche gegenüber dem Autor oder dem Verlag ableiten.

**Bibliografische Information der Deutschen Nationalbibliothek**

Die Deutsche Nationalbibliothek verzeichnet diese Publikation in der Deutschen Nationalbibliografie; detaillierte bibliografische Angaben sind im Internet unter http://dnb.d-nb.de abrufbar.

Unsere Bücher werden nach höchsten Ansprüchen an Nachhaltigkeit und Ökologie produziert und wir optimieren ständig weiter:

- Papiere und Pappen sind FSC® oder PEFC™ zertifiziert
- Druckfarben auf Pflanzenölbasis
- Druckplattenbelichtung komplett chemiefrei
- Klebstoffe lösungsmittelfrei
- 100% Öko-Strom bei Druck und Bindung
- Müllvermeidung und Recycling bei der Produktion
- kurze Wege, gedruckt in Deutschland

ISBN 978-3-936896-90-9

8. Auflage 2026



Königstr. 43, 26180 Rastede
E-Mail: verlag@oekobuch.de
http://www.oekobuch.de



Druck: Grafisches Centrum Cuno, Calbe

Coverbild und alle Bilder im Innenteil, soweit nicht anders angegeben: Jonas Gampe

# Inhaltsverzeichnis

## Über den Autor

„Wir haben mit Opa eine kleine Bergwanderung gemacht, als Jonas zwei war – normalerweise nur 20 Minuten bis zur nächsten Berghütte. Mit Jonas dauerte es zwei Stunden: jeder Stein, jedes Blatt, jeder Grashalm wurde umgedreht, jeder Käfer genau betrachtet. Ein Jahr später, als Jonas drei war, habe ich beobachtet, wie er stundenlang im Sandkasten mit einem Bagger spielte. Damals fragte ich mich, ob das schon ein Fingerzeig für den späteren Beruf war." (Papa Hermann)

„Edith: ‚Jonas, was möchtest du heute Nachmittag machen?'
Jonas (ca. 9 Jahre alt): ‚Erdbeeren pflanzen!'
Edith: ‚Aber es ist doch so heiß, wollen wir was spielen oder Eis essen gehen?'
Jonas: ‚Nein, ich möchte Erdbeeren pflanzen! Ich weiß, wie es geht, meine Mama Sabine hat es mir erklärt. Du setzt dich hier in den Schatten und ich pflanze Erdbeeren.'" (Oma Edith)

„Jonas half schon mit 7-8 Jahren freiwillig und begeistert hin und wieder in einer Gemüsegärtnerei im Gewächshaus mit beim Ernten. Er hatte ziemlich schnell im Gefühl, wie viel Postelein er in eine kleine grüne Kiste packen musste, damit es 1 kg ergab. Er schnitt fleißig und konzentriert mit einem Messer die Pflänzchen ab.
Als kleiner Junge beobachtete er immer sehr gerne alle Tierchen, die da so kreuchten und fleuchten. Er legte sich auf den Bauch, um alles genau beobachten zu können.
Die ersten zwei Jahre seines Lebens war ich mit ihm beinahe täglich im Wald." (Mama Sabine)

„Andere jagen mit 30 noch ihrem Traumjob nach. Oder suchen zumindest eine Arbeit/Arbeitsstelle, die ihnen Spaß macht. Mich mal mit eingeschlossen. Der Jonas aber hatte mit 23 Jahren schon die Spitze (!) seiner, sagen wir mal ‚Berufung', erreicht! Garten- und Landschaftsbau-Techniker. Und er findet immer noch etwas, in dem er erneut ‚aufblüht'. Ich bin nicht nur neidisch, ich bin sein größter Fan." (Ehefrau Tamara)

Jonas Gampe ist gelernter Garten-Landschaftsbau-Techniker und Permakultur-Designer. Seit 7 Jahren gestaltet er zusammen mit seinem Vater ein Stück Ackerland zu einem blühenden Permakultur-Garten um, in dem auch diverse Kurse angeboten werden. Über sein kleines Planungsbüro „Kreislauf-Gärten" bietet er zudem professionelle Permakultur-Planungen für Garten, Landwirtschaft und öffentliche Bereiche an.
Kontakt über www.kreislauf-gaerten.de

# Über dieses Buch

Als der Tasmanier Bill Mollison und sein australischer Student David Holmgren in den 1970er Jahren das Gestaltungskonzept „Permakultur“ entwickelten, wollten sie damit der fortschreitenden Wüstenbildung, Wasserverschmutzung und der Erosion, der großflächigen Abholzung, dem Artensterben und anderen Folgen der konventionellen Landwirtschaft entgegenwirken. Anstatt auf ebenen und begradigten Flächen Monokulturen anzulegen, sollten die benötigten Nahrungsmittel besser und nachhaltiger in multifunktionalen Ökosystemen wachsen. Im Laufe der letzten 40 Jahre wurde dieser Gestaltungsansatz immer weiter verfeinert und mit sozialen und wirtschaftlichen Gedanken zu einem ganzheitlichen Konzept erweitert.

Da die negativen Auswirkungen der konventionellen und der gentechnisch veränderten Landwirtschaft und soziale Probleme wie ungleiche Verteilung lebenswichtiger Güter und damit einhergehende Spannungen und Unruhen in jüngerer Zeit global eher zugenommen haben, ist Permakultur nach wie vor sehr aktuell und bleibt ein wichtiges Werkzeug, um die Welt ein wenig gerechter, friedlicher und ökologischer zu gestalten.

Dieses Buch befasst sich in erster Linie nicht mit Lösungen auf globaler Ebene, sondern bezieht sich auf den eigenen Hausgarten. Denn auch auf kleinem Raum kann man mit Permakultur viel erreichen. Mit der Anwendung von Permakultur-Prinzipien können wir unsere Gärten zu fruchtbaren, blühenden und essbaren Landschaften gestalten, die schön aussehen und dabei nur wenig Pflege und Aufwand erfordern.

Als Landschaftsgärtner und Gartenplaner habe ich mit vielen Gartenbesitzern zu tun. Am häu-

0.1: Vergleich Monokultur und Permakultur: Rechts ein konventionell bewirtschaftetes Feld, das an ein „essbares“ Biotop aus Wildgehölzen, Obst- und Nussbäumen, Beerenobst und Wildkräutern auf der linken Bildseite angrenzt.

figsten wird der Wunsch geäußert: „Der Garten soll wenig Arbeit und Dreck machen", dicht gefolgt von „schön soll er aussehen und Raum für Erholung bieten". Auch eine kleine Ecke für Kräuter, Obst und Gemüse ist mittlerweile wieder in den meisten Gärten erwünscht, und wenn der Igel und ein paar Vögel auch noch einen Platz finden, dann sind eigentlich schon alle Bedürfnisse der Kunden erfüllt. All dies lässt sich auf den ersten Blick nur schwer unter einen Hut bzw. in einen Garten bringen. Mit der Permakultur haben wir jedoch ein Gestaltungskonzept an der Hand, mit dem sich solche Gärten verwirklichen lassen, die gleichermaßen ökologisch, pflegeleicht, schön anzuschauen, günstig anzulegen, essbar, erholsam und noch anderweitig nutzbar sind.

Um einen derart vielseitigen Garten anzulegen, der auch dauerhaft funktioniert, sind jedoch ein breites Fachwissen, gute Kenntnis des jeweiligen Standorts und auch Wissen über die eigenen Ressourcen, Vorstellungen und Wünsche erforderlich. Mit diesem Buch möchte ich Ihnen einen Leitfaden an die Hand geben, den Sie in Ihrem Garten Stück für Stück anwenden und umsetzen können. So kommen Sie schrittweise und klar strukturiert zu Ihrem ganz persönlichen Permakultur-Garten, egal wo Sie wohnen, wie dort die Standortverhältnisse sind und welchen individuellen Traum Sie von Ihrem Garten haben.

Für den Anfang ist es am einfachsten, das Buch von vorne bis hinten durchzulesen und am Ende jeden Abschnittes die darin erklärten Punkte anhand des eigenen Gartens nachzuvollziehen. Zur besseren Verständlichkeit findet sich am Ende jedes Kapitels jeweils ein Beispiel aus „Familie Stecklings Garten".

Da die Grundlage eines langfristig gut funktionierenden Permakultur-Gartens ein vernünfti-

0.2: Beispiel eines Permakultur-Hausgartens (Foto: Jen)

ger und durchdachter Gestaltungsplan ist, geht es im ersten Teil des Buches um die Erstellung einer solchen Gartenplanung. Der zweite Teil ab Kapitel 4 gibt dann praktische Tipps und Anleitungen für die Umsetzung im eigenen Garten. Auch Gärten, die bereits angelegt sind, können zu effektiveren und vielfältigeren Gärten weiterentwickelt werden. Sogar auf sehr kleinen Flächen wie z.B. auf einem Balkon lassen sich anhand der nachfolgenden Beschreibungen kleine Permakultur-Kreisläufe anlegen; gleichzeitig gelten die Planungsregeln auch für großflächige Projekte mit mehreren tausend Quadratmetern Land.

Nun wünsche ich Ihnen viel Freude beim Lesen des Buches und beim Umsetzen der Inhalte. Ich hoffe, dass es kurzweilig zu lesen und vom Inhalt her praxistauglich geworden ist, ohne dass das fachliche Niveau darunter leidet. Bleiben Sie kreativ, offen für Neues und experimentierfreudig ☺.

0.3
Permakultur auf einem Balkon mitten in der Stadt. Der vorhandene Raum muss nicht groß sein. Es genügt, wenn die Ideen groß sind... (Foto: Leonie Woidt-Wallisser)

0.4:
Großflächige Permakultur-Anlage. Auch in der Landwirtschaft lässt sich sehr viel mit Permakultur gestalten und bewirken.

Bank zwischen zwei blühenden Felsenbirnen. Wer glaubt, man müsse den anstehenden Boden mit viel Aufwand verändern, um Heidelbeeren anpflanzen zu können, sollte vorher einmal solche Kupfer-Felsenbirnen *(Amelanchier lamarckii)* ausprobieren. Die ähnlich aussehenden Beeren sind geschmacklich mindestens genauso gut.

# 1 Permakultur – auf den Punkt gebracht

Durch die vielen Anpassungen und Ergänzungen des ursprünglichen Werkes von Bill Mollison ist das Gestaltungskonzept Permakultur mittlerweile sehr vielseitig einsetzbar, so dass es nicht nur für Gärten und landwirtschaftliche Flächen taugt. Durch den systemischen Ansatz (ursprünglich von Ökosystemen her abgeleitet) lassen sich auch Bildungs-, Finanz-, Verkehrs- und Wirtschaftssysteme, ja sogar Software-Programme nach Permakultur-Gesichtspunkten gestalten.

Wegen der Komplexität des Themas verführt es Permakultur-Designer dazu, verallgemeinernde Definitionen von Permakultur zu formulieren, um auf die oft gestellte Frage „Was ist Permakultur?“ nicht jedesmal mit einem 20-minütigen Vortrag antworten zu müssen. Eine für mich sehr treffende Definition, die sich auf die ursprüngliche „grüne Permakultur“ bezieht (also in Garten und Landwirtschaft), ist folgende:

*„Permakultur ist ein Konzept, um multifunktionale Ökosysteme mit essbaren Erträgen zu schaffen, bei denen ein besonderer Fokus auf echter Nachhaltigkeit und Sozialverträglichkeit liegt.“*

In diesem Satz ist eigentlich alles enthalten, was Permakultur in Garten und Landschaft ausmacht. Die folgenden Erklärungen der fünf Kernpunkte sollen die Definition etwas greifbarer machen.

## 1. Essbar

Da es in der Permakultur ursprünglich um den Anbau von Nahrungsmitteln ging, ist dies auch heute noch ein wichtiger Punkt. So lassen sich vor Ort aus vielen verschiedenen einjährigen und vor allem auch mehrjährigen Pflanzen Lebensmittel herstellen, die dann sehr frisch und ohne Transport- und Lager-Aufwand vor unserer Haustür geerntet werden können. In den folgenden Kapiteln dieses Buches wird oftmals verkürzend – und sprachlich nicht ganz korrekt – von „essbaren“ Öko- bzw. Permakultur-Systemen u.ä. gesprochen.

## 2. Multifunktional

Permakultur-Systeme bzw. deren Früchte sind aber nicht allein auf das Kriterium „essbar“ beschränkt, sondern sollen vielfältig nutzbar sein. Sie können auch Raum für Spiel und Erholung bieten, als Versuchsflächen oder Schau- und Lehrgärten dienen und andere Produkte wie Brenn- und Bauholz, Heilmittel, Jungpflanzen etc. erzeugen.

## 3. Ökosysteme

Baut man nicht in großflächigen Monokulturen, sondern in aktiven Ökosystemen an, bringt dies etliche Vorteile mit sich. So sind Ökosysteme sehr stabil, was Bedrohungen durch Krankheiten und Schädlinge angeht, sie erhalten sich größtenteils selbst und sind daher pflegeleicht; und sie bieten Lebensraum für eine Vielzahl von Tieren und Pflanzen. Zusätzlich wird in ihnen Niederschlagswasser gereinigt, Humus aufgebaut und das lokale Mikroklima günstig im Sinne einer Mäßigung beeinflusst.

## 4. Echte Nachhaltigkeit

In den letzten Jahren ist der Begriff „Nachhaltigkeit“ schon fast zu einem „Werbewort der Moder-

1.1: Essbar: Reiche Ernte aus einer Permakultur-Anlage

1.2: Multifunktional
Eine Feldhecke, der Inbegriff der Multifunktionalität. Gut angelegt, kann sie starke Winde abbremsen, die Feuchtigkeit erhöhen und vor starker Sonne schützen. Sie bietet reichlich Lebensraum für Vögel, Wildtiere und Insekten und kann zudem auch noch essbare Früchte für den Menschen hervorbringen.

1.3: Ökosysteme
Hier ein Feuchtbiotop am Waldrand. Sehr stabil und anpassungsfähig.

1.4: Echte Nachhaltigkeit
Der Bau eines Pizzaofens aus Lehm, der ausschließlich mit Bauresten und dem vorhandenen Boden erstellt wurde. Geht etwas schief beim Bau, kann der Lehm einfach eingestampft und erneut verwendet werden.

ne" verkommen: Mittlerweile gibt es nachhaltige Flugreisen, Kunststoffe und Produkte vom anderen Ende der Welt. Permakultur hat den Anspruch „echter Nachhaltigkeit". Es wird nicht in Abständen von wenigen Jahren gedacht, sondern mit Blick auf Jahrzehnte oder sogar Jahrhunderte geplant und gestaltet. Was macht langfristig wirklich Sinn? Was funktioniert auch noch in hundert Jahren, wenn es jeder Mensch auf der Erde so macht?

### 5. Sozialverträglichkeit

Zu guter Letzt sollen Permakultur Projekte auch soziale Projekte sein: Die Ressourcen sollen fair hergestellt, gehandelt und verteilt, sowie anfallende Überschüsse in einem sinnvollen Rahmen wieder abgegeben werden. Auch ein aufrichtiger und würdevoller Umgang miteinander gehört dazu. „Kooperation statt Konkurrenz" und „integrieren statt separieren" sind hier die Leitbegriffe.

## Drei ethische Grundsätze

Absolute Grundlage der Permakultur sind jedoch die drei ethischen Grundsätze:

- Achtsamer Umgang mit der Erde
- Achtsamer Umgang mit den Menschen
- Selbstbegrenzung und Überschussverteilung

Jedes Permakultur-Projekt soll diese drei Punkte gleichermaßen berücksichtigen, also die ökologischen, sozialen und ökonomischen Komponen-

1.5: Sozialverträglichkeit
Zum Beispiel durch Tauschhandel mit den Nachbarn. Das kann den Speiseplan wesentlich bereichern und sorgt für gute Stimmung in der Nachbarschaft.

1.6: Schnittbereiche der Ethik.
Den Permakultur-Konzepten liegt ein umfassender Ethikbegriff zu Grunde.

ten in ein Gleichgewicht bringen. Vernachlässigt man einen der Bereiche, entsteht ein Ungleichgewicht, was über kurz oder lang zum Misserfolg bzw. Zusammenbruch des Systems führt. Umweltschutz-Projekte zielen z.B. stark auf die ökologische Komponente ab; sie benötigen oft sehr viel Geld und werfen kaum einen Ertrag ab. Kann man die benötigten Mittel nicht mehr aufbringen, kann auch der Umweltschutz nicht mehr weitergeführt werden und findet ein Ende. Ein anderes Beispiel ist unser Wirtschaftssystem, das darauf ausgelegt ist, der eigenen Bevölkerung möglichst viele Wirtschaftsgüter zur Verfügung zu stellen. Dafür werden andere Völker und der Planet Erde ausgebeutet. Das andere Extrem ist die absolute Selbstversorgung: Wer es damit zu ernst meint, endet möglicherweise als einsamer Selbstversorger in einem abgelegenen Teil der Welt.

Auf den Hausgarten bezogen, können die drei ethischen Grundsätze bedeuten:

### Achtsamer Umgang mit der Erde

- Neue Lebensräume schaffen
- Ressourcenschonend arbeiten
- Klimaregulierend planen und bepflanzen
- Unkraut und Schädlinge als Teil des Ökosystems sehen
- Keine chemischen und konzentrierten biologischen Mittel verwenden
- Würdevoller Umgang mit der Natur

### Achtsamer Umgang mit den Menschen

- Sich selbst und andere nicht überfordern oder einengen
- Nachbarn mit einbeziehen
- Kooperationen aufbauen
- Würdevoller Umgang mit sich selbst und seinen Mitmenschen

### Selbstbegrenzung und Überschussverteilung

- Nahrung im eigenen Garten anstatt auf anderen Kontinenten anbauen
- Regionales fördern und verwenden
- Rohstoffe möglichst aus dem eigenen Garten beziehen
- „Abfälle" im Garten belassen und nutzbringend verwenden
- Sich überlegen, was man wirklich braucht
- Tauschhandel betreiben und Überschüsse abgeben

# Was unterscheidet einen Permakultur-Garten von einem gewöhnlichen Garten?

Nach diesen ersten Kapiteln haben Sie vielleicht schon eine grobe Vorstellung, wohin die Reise in etwa gehen wird. In diesem Kapitel sollen nun die Besonderheiten eines Permakultur-Gartens konkreter vorgestellt und die Unterschiede zum konventionellen Garten herausgearbeitet werden. Die praktischen Beispiele können auch Ihre Kreativität und Motivation anregen. Im Idealfall brennen Sie nach diesem Kapitel darauf, mit der eigenen Gartenplanung zu beginnen. ☺

## Unterschiede durch andere Anordnung der Elemente

Oft werden in einem Permakultur-Garten die gleichen System-Elemente (Baum, Beet, Teich, Terrasse, Wege etc.) einfach anders angeordnet als in einem gewöhnlichen Garten. So steht zum Beispiel der Obstbaum nicht mehr im Rasen, was den Baum durch Wurzelkonkurrenz schlechter wachsen und den Rasen durch Beschattung und Laubfall kümmern lässt, sondern er steht im Gemüsebeet. Dort kann er das Gemüse vor zu starker Sonne und Hagelschlag schützen, sorgt für ein feucht-warmes Mikroklima auf dem Beet und unterstützt den Humusaufbau durch herabfallende Blätter und Früchte. Im Gegenzug wird der Obstbaum nicht von Graswurzeln gehemmt, sondern stattdessen in Wachstum und Gesundheit von den Wurzel- und Blattausscheidungen verschiedener Kräuter und Gemüsepflanzen gefördert.

In den meisten Gärten wird alles getrennt voneinander angelegt. Der Rasen ist klar von den Beeten getrennt, es wird strikt in Nutzfläche und Zierfläche unterschieden, und der Fokus liegt im Allgemeinen darauf, die negativen Auswirkungen der Elemente untereinander möglichst gering zu halten. Im Permakultur-Garten hingegen sollen die positiven Auswirkungen möglichst hoch gehalten werden. So wird zu Beginn analysiert, welche System-Elemente sich gegenseitig unterstützen können; diese werden dann im Garten entsprechend angeordnet.

Hierbei ist auch die Wegeführung sehr entscheidend. Was wenig Pflege benötigt, kommt dorthin, wo man nur selten entlang läuft; Kulturen, die viel Aufmerksamkeit erfordern, werden an Stellen angelegt, an denen man täglich vorbeikommt. So können kleinere Pflegemaßnahmen oft ganz nebenbei quasi im Vorübergehen erledigt werden.

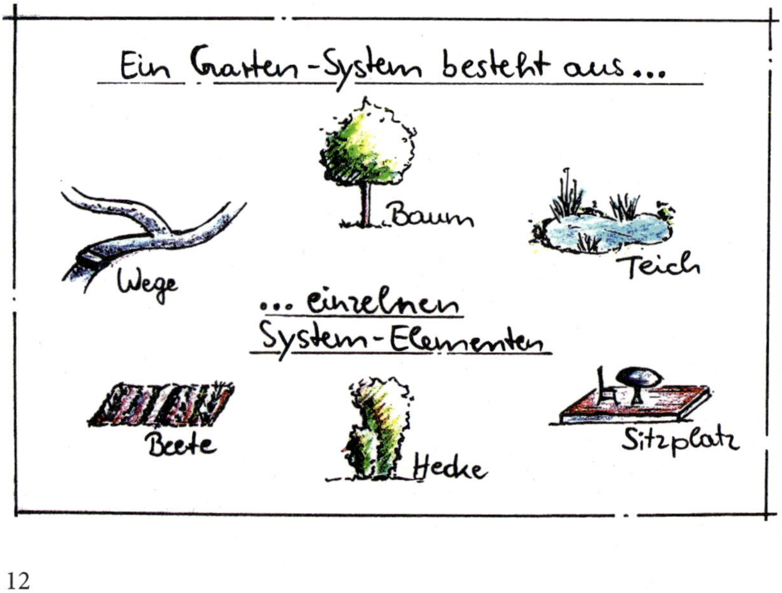


1.7
Jeder Garten besteht aus verschiedenen Gestaltungselementen. In einem Permakultur-Garten kommt es darauf an, dass diese sinnvoll miteinander verknüpft und ggf. durch weitere Elemente ergänzt werden.

## Unterschiede durch Berücksichtigung des Standortes

Jeder Garten ist anders, schon auf demselben Grundstück kann sich der Boden manchmal auf wenigen Metern sehr stark ändern. Der eine Garten ist geschützt und schattig, der andere windig und in voller Sonne, es gibt kleine Handtuch-Gärten und große Parkanlagen. Das regionale Klima reicht in Deutschland von fast schon mediterranem Weinbauklima bis hin zu Regionen mit strengen Wintern und nassen Sommern. Entsprechend fühlen sich auch die unterschiedlichsten Pflanzen in unseren Gärten wohl. Kennen wir die lokalen Standortbedingungen, können wir aus der großen Fülle an möglichen Pflanzen die am besten geeigneten heraussuchen. So werden chemischer Pflanzenschutz, Bodenverbesserung und aufwendige Pflege überflüssig, und wir haben mehr Zeit, um in der Hängematte zu liegen.

Die Pflanzenauswahl funktioniert in vielen Gärten immer noch nach optischen Kriterien. Da wird am Frühlingsanfang der Katalog aus dem Gartencenter durchgeblättert und das gekauft, was auf den Hochglanzbildern schön erscheint: „Schau nur, Heinz, die schöne Rose hier! So eine möchte ich auch im Garten haben." Heinz macht sich auf in den Gartencenter, um die Rose zu besorgen und noch einen Haufen Pflanzerde, weil das dann besser funktionieren soll. Anschließend

1.8
Beispiel für das Gegenteil einer sinnvollen Verknüpfung: Ein junger Baum wurde mitten in die kräftige Wiese gepflanzt und kann sich dort nicht recht behaupten; obendrein lässt sich die Wiese mit Baum schlechter mähen. Hier fördern sich die Elemente Baum und Wiese nicht, sondern hemmen sich gegenseitig.

1.9
Gute Kombination der Gestaltungselemente: Schwimmteich, Gemüsebeete, Kräuter, Beerenobst und Obstbäume können sich gegenseitig fördern. Der Schwimmteich reflektiert Sonne auf die Gemüsebeete, reguliert die Temperatur, beherbergt Nützlinge und stellt Gießwasser bereit. Die mediterranen Kräuter fühlen sich zwischen den Mauern der Hochbeete sehr wohl (Wärme wird durch die Steine gespeichert und nachts abgestrahlt). Der Erdwall hinter den Hochbeeten entstand aus dem Aushub des Schwimmteiches. Auf dessen Krone stehen Beerensträucher, die durch den erhöhten Stand reichlich Sonne erhalten. Noch eine Reihe dahinter stehen, quasi eine weitere Etage höher, Obstbäume. Bäume und Sträucher bremsen den Wind ab und sorgen so für ein geschütztes Klima am und im Schwimmteich.

wird die Rose in einem noch freien Eck in der Nähe der Terrasse eingepflanzt. Die nächsten fünf Jahre wird die kümmernde Rose noch mit allerlei Mittelchen gegen Mehltau behandelt, bis sie dann doch in der Biotonne landet. Leider war die Luft in der „Rosen-Ecke" immer etwas zu feucht…

„Jetzt hab ich aber langsam die Nase voll von dieser unproduktiven Gartenarbeit!", sagt Heinz und macht genaue Standortanalysen für seinen Garten, die er in einem Grundriss-Plan notiert. Von der örtlichen Baumschule hat er einen dicken Katalog bekommen, in dem zu jeder Pflanze steht, welchen Boden und welches Klima sie bevorzugt. Für seine Frau Hildi kann er damit die Pflanzen heraussuchen und zusammenstellen, die sich z.B. in der lehmigen Erde und der feuchten Luft in ihrem Garten besonders wohlfühlen. Anschließend darf Hildi aus dieser Liste wählen, welche Pflanzen ihr besonders gut gefallen. Weigelien, Deutzien und Schneeball wachsen ohne große Pflege gut an, und Hildi und Heinz genießen die Tage auf der Terrasse liegend, in ihrem reich blühenden Garten…

1.10: In vielen Baumschul-Katalogen kann man zu jeder Pflanze deren Ansprüche an Klima und Boden nachlesen. Hier aufgeschlagen Kataloge von Bruns, Lorenz von Ehren und Münkel

## Unterschiede durch bewusste Auseinandersetzung mit sich selbst

In der Phase der Neuanlage eines Gartens ist die Motivation meist noch sehr hoch. Da passiert es leicht, dass ein Teich, Rasenflächen und Schnitthecken angelegt und allerlei Formgehölze gepflanzt werden, ohne den späteren Pflegeaufwand zu berücksichtigen und ohne sich darüber Gedanken zu machen, ob man in ein paar Jahren die ganze Anlage noch pflegen kann, geschweige denn will. Die Pflanzen werden größer und die Motivation immer kleiner, bis der Garten keine Freude mehr macht, sondern nur noch als Arbeit und Last gesehen wird. Auch weicht das spätere Bild des Gartens oft von den ursprünglichen Vorstellungen bei dessen Anlage ab. Dies hängt vielfach damit zusammen, dass viele Gartenbesitzer am Anfang nicht so recht wissen, was sie eigentlich wollen. Da werden dann gern Vorschläge von Gärtnern, Pflanzen- und Baustoff-Verkäufern sowie die Botschaften der Werbebilder aufgegriffen und in der Gartenanlage umgesetzt. Später merkt man dann, dass der Garten nicht so recht zu einem selbst passen will, was die Motivation und die Freude an der Gartenarbeit weiter mindert.

Wird ein Garten nach Permakultur-Prinzipien angelegt, müssen während des Gestaltungs-Pro-

1.11: Ein schöner, durchgestylter Garten, der aber viel Pflege benötigt, damit er in Zukunft so erhalten bleibt.

zesses immer auch Fragen wie „Was will ich wirklich?", „Wieviel Zeit und Geld kann und will ich dafür ausgeben?" und „Wo liegen meine Grenzen?" beantwortet werden. Die Bewirtschafter des Gartens sind als Teil des Systems anzusehen, was von Beginn an eine enge Bindung zum eigenen Garten schafft. Freude und Genugtuung an der späteren Gartenarbeit wird erreicht, wenn zusätzlich gleich am Anfang die später nötigen Pflegearbeiten geklärt und auf ein sinnhaftes und produktives Minimum beschränkt werden.

## Unterschiede durch Einhalten der Permakultur-Ethik und der 5 Kernpunkte

Heute betrachten wir die meisten Dinge getrennt voneinander und legen auch unsere Gärten und Landschaften entsprechend an. Landwirtschaft, Forstwirtschaft und Naturschutz sind voneinander getrennte Bereiche unserer Kulturlandschaft. Ebenso trennen wir Nutzgärten von Ziergärten, die Arbeit von der Erholung und ein Beet von der Rasenfläche. Dadurch verhindern wir, dass die verschiedenen Bereiche sich gegenseitig unterstützen und ergänzen können. Vielschichtige und ausgewogene Anlagen sind so nicht möglich. Um aus diesem Denkmuster herauszukommen, hilft es, während der Permakultur-Planung gelegentlich die Übereinstimmung mit den ethischen Grundsätzen zu überprüfen. Sind die drei ethischen Grundsätze bei der Planung noch gleichgewichtig oder beginnt man in eine bestimmte Richtung abzudriften? Auch die 5 Kernpunkte der anfangs genannten Definition von Permakultur können zur Überprüfung herangezogen werden. So ist sichergestellt, dass am Ende ein ausgewogenes und dauerhaft stabiles Garten-Design herauskommt – also eben der gewünschte Garten, der zugleich pflegeleicht, produktiv, schön anzuschauen und ökologisch ist.

1.12
Vernetzung von Bedürfnissen: Auf dieser Parkbank kann man sich zugleich entspannen und mit leckeren Früchten versorgen (im Vordergrund die schon bald reifen Beeren der Felsenbirne, im Hintergrund blühen kräftig die Brombeeren).

# 2 Schritt für Schritt zum Gartenplan

Jetzt geht es endlich los mit der eigenen Gartenanlage! Sie haben nun schon ein Grundverständnis von Permakultur und eine grobe Vorstellung davon, wie ein Permakultur-Garten aussehen könnte. Vielleicht sind Ihnen auch schon die ersten Ideen für Ihren eigenen Garten gekommen. Am besten legen Sie Stift und Notizzettel bereit und schreiben alle bisherigen und zukünftigen Einfälle auf, zunächst in der Reihenfolge, wie sie kommen. Ordnen können Sie diese anschließend.

Der nachfolgende Leitfaden wird Sie von Grund auf und schrittweise durch die Planung Ihres eigenen Gartens führen. Die Eckpunkte sind hierbei:

- den Standort kennenlernen,
- sich selbst kennenlernen,
- die passenden Gestaltungs-Elemente ermitteln
- Größe und Anordnung der Gestaltungs-Elemente bestimmen,
- die genaue Art der Gestaltungs-Elemente festlegen, und
- den Gartenplan erstellen.

Zu jedem Schritt werden Vorgehensweise und Hintergründe ausführlich erklärt: warum dieser Schritt nötig ist und was er bezwecken soll. Falls Sie möchten, können Sie erst einmal alle Schritte nachlesen und später mit der Umsetzung beginnen. Mehr Spaß macht es jedoch, nach jedem Abschnitt den jeweiligen Arbeitsschritt direkt für den eigenen Garten durchzuführen. Es ist jedenfalls sehr gut möglich, die Schritte nacheinander umzusetzen, ohne das Buch vorher komplett durchgelesen zu haben.

Um von der Standortanalyse über die Auswahl der passenden Gestaltungs-Elemente bis hin zum fertigen Gartenplan zu gelangen, sind viele kleine Schritte notwendig. Nehmen Sie sich dafür ausreichend Zeit (auch wenn es abschreckend klingen mag, kann das bis zu 30 Stunden dauern), und lassen Sie sich nicht von der langen Vorlaufphase entmutigen. Wenn Sie die Schritte des Leitfadens Stück für Stück durchführen, werden Sie letztendlich mit einem sehr beglückenden Ergeb-

2.1: Bis so ein Plan fertig ist, sind etliche Vorüberlegungen anzustellen und Arbeitsschritte zu vollziehen.

nis belohnt. Und behalten Sie immer im Hinterkopf: „Mit jeder Stunde, die in eine durchdachte Planung fließt, lassen sich bei der Umsetzung 10 Stunden Arbeit und bei der späteren Pflege nochmal 100 Stunden Arbeit einsparen.“

Als Beispiel-Projekt begleitet Sie durch alle Abschnitte hindurch der Garten von Familie Steckling, von dem bei jedem Schritt ein passendes Beispiel gezeigt und erklärt wird, wie sich Frau Steckling ihrem Permakultur-Garten nähert. Damit Sie sich ein Bild von Familie Steckling machen können, stelle ich sie kurz vor:

Herr und Frau Steckling wohnen zusammen mit ihren beiden Kindern, 7 und 14 Jahre alt, in einem etwas älteren, aber gemütlichen Häuschen am Stadtrand. Vor 15 Jahren haben sie das Haus dort gekauft und seitdem auch schon einiges im Garten gemacht: Ein paar Beete angelegt, einige Obststräucher gepflanzt und vor kurzem erst einen großen alten Baum gefällt, der stellenweise schon morsch war. Da im Haus alle Renovierungs-Arbeiten abgeschlossen sind, möchte Frau Steckling nun den Garten in Angriff nehmen und ihn endlich mal vernünftig anlegen. Ihr Mann ist handwerklich einigermaßen begabt, daher wollen sie die Anlage selbst durchführen. Von ihrer Freundin hat Frau Steckling das Buch „Permakultur im Hausgarten“ geschenkt bekommen und möchte gleich mit der Planung beginnen.

## Den Standort kennenlernen

Zu Beginn verschaffen wir uns ein möglichst detailliertes Wissen über die Rahmenbedingungen vor Ort. Dafür wird Offensichtliches, wie bestehende Vegetation, vorhandenes Baumaterial und vorherrschendes Klima ebenso aufgenommen und beschrieben, wie z.B. Details über verschiedene Kleinklima-Bereiche, soziale Ressourcen in der Nachbarschaft und andere Dinge, die nicht auf den ersten Blick erkennbar sind. Je mehr Sie über Ihren Standort wissen, desto leichter wird Ihnen später die Planung und Anlage des Gartens fallen und umso besser wird das Ökosystem in Ihrem Garten einmal funktionieren.

## Eigenheiten und Besonderheiten des Standortes

Setzen Sie sich für ein paar ruhige Minuten mit Zettel und Stift in den Garten. Lassen Sie Ihre Gedanken schweifen und betrachten Sie Ihr grünes Fleckchen Erde direkt vor Ihrer Haustür. Was ist besonders toll an Ihrem Garten, was hat Sie schon immer genervt und welche ganz speziellen Bereiche gibt es vielleicht? Schreiben Sie in eine Liste, was Sie an Ihrem Garten als besonders gelungen oder wertvoll empfinden und auch alles, was Ihren Garten ausmacht. Ist er zum Beispiel dicht bewachsen mit vielen Bäumen oder nur eine offene Wiese? Handelt es sich um einen steilen Hang-Garten oder liegt er gut zugänglich in der Ebene? Gibt es ganz spezielle Bereiche, an denen Sie sich besonders wohl oder unwohl fühlen?

Sie können die Liste auch noch in den folgenden Tagen ergänzen, wenn Ihnen beim Aufenthalt oder bei der Arbeit im Garten weitere Eigenheiten auffallen.

2.2
Jedes Grundstück hat seine Eigenheiten: schmaler und langgezogener Garten. Hier ist Kreativität in der Gestaltung gefragt.

Frau Stecklings Liste über die Besonderheiten in ihrem Garten sieht so aus:

- Der Bereich am Haus ist sehr eben, der hintere Gartenteil fällt aber stark ab.
- In der Nord-Ost-Ecke des Gartens sitze ich besonders gerne, vielleicht wegen des Apfelbaums über mir…?
- Die Beete, Sträucher und Bäume, die wir gepflanzt haben, sind schon recht schön, aber irgendwie fehlt ein sinnvoller Zusammenhang im Garten…
- Unsere Nachbarin pflückt manchmal Wildkräuter am hinteren Hang bei uns. Sie meint immer, dass dort die besten Kräuter in der ganzen Siedlung wachsen.
- Die Schmuddel-Ecke mit dem morschen alten Gartenhäuschen gefällt mir gar nicht.
- Durch den lehmigen Boden und den relativ hohen Jahresniederschlag ist unser Garten auch im Sommer selten trocken.
- Dafür ist es im Sommer manchmal so kühl, dass Paprika und Tomaten nur im kleinen Gewächshaus reif werden.
- In der kleinen Senke im Westen sammelt sich im Winter immer das Wasser. Spätestens im Mai ist die Erde dann aber wieder trocken.

2.3: Ein besonderer Platz im Garten: z.B. unter einem malerischen Apfelbaum

Die Liste mit Eigenheiten und Besonderheiten des Gartens brauchen wir später in der Gestaltungs-Phase wieder, wenn es darum geht, die Möglichkeiten und Ziele festzulegen und die passenden Gestaltungselemente dafür zu finden. Bis dahin können Sie diese Aufstellung erst einmal zur Seite legen und gleich mit dem nächsten Schritt, der Standort-Analyse, weitermachen.

## Ressourcen und Begrenzungen des Standortes

Um einen stimmigen und dauerhaft funktionierenden Gartenplan anzulegen, hilft uns eine Aufstellung der Ressourcen und Begrenzungen des Grundstückes weiter. Dies sind wichtige Informationen, die uns einen klaren Rahmen vorgeben und bei der Gartenplanung dafür sorgen, dass wir uns auf die Fakten vor Ort beziehen und nicht „Luftschlösser“ planen, die dann nur mit viel Mühe oder gar nicht umsetzbar sind. Bei dem nun geforderten analytischen Blick, mit der Aufmerksamkeit auf Details, lernen wir den Garten noch ganz anders kennen.

Nehmen Sie wieder ein Blatt Papier zur Hand und teilen Sie es in zwei Spalten. Links werden die Standort-Ressourcen notiert, rechts die Standort-Begrenzungen. Nun listen Sie alle Ressourcen auf, die in Ihrem Garten vorhanden sind, die irgendwie mit Ihrem Garten zu tun haben oder die für Ihren Garten verwendet werden könnten. Dabei kann es sich um materielle, aber auch nicht sichtbare Dinge handeln. Vielleicht gibt es auch ein paar Punkte, die schon auf der Besonderheiten-Liste stehen. Nehmen Sie diese trotzdem mit auf. Die Spalte mit den Ressourcen unterteilen Sie am besten noch in „vor Ort“ und „in der Umgebung“.

*Standort-Ressourcen auf dem Grundstück* können zum Beispiel folgende sein:

- Bestehende Pflanzen
- Bestehende Vegetationsgruppen (Hecken, Baumgruppen etc.)
- Vorhandene Materialien, Werkzeuge und Geräte

2.4: Baureste in einer Garten-Landschaftsbau-Firma. Hier lassen sich manchmal wertvolle Ressourcen günstig erwerben.

2.5: Einfacher Gartenweg aus Resten. Links und rechts ein Einzeiler aus Rest-Pflastersteinen und Schotter dazwischen, fertig ist der funktionale Gartenweg. Baukosten ca. 1,50 € pro Meter.

- Bestehende Gebäude, Mauerstücke, Fundamente
- Reste vom Bau
- Trödel und Abfälle, die herumliegen
- Vorhandene Beete, Wasserstellen, Wege etc.
- Strom- und Wasseranschlüsse, Regen-Fallrohre
- Wasserverläufe und Sammelstellen von Regenwasser

Auch die Bodenverhältnisse und bestimmte Klimafaktoren können Ressourcen sein. Diese werden aber im nächsten Schritt noch explizit aufgenommen und müssen hier nicht unbedingt berücksichtigt werden.

*Standort-Ressourcen in der Umgebung* und im Bekanntenkreis können zum Beispiel folgende sein:

- Bekannte oder Nachbarn als Tauschpartner für Saatgut, Jungpflanzen etc.
- Werkzeuge, Geräte und Know How von Bekannten oder Nachbarn
- Baumschulen, Gärtnereien und Kompostwerke in der Nähe
- Baumärkte, Sägewerke, Steinbrüche etc., ggf. mit Restbeständen
- Leute, die gerne bei der Anlage des Gartens helfen würden

2.6: Auch im Wald liegen oft Rest-Stämme herum, die nicht mehr abgeholt werden. Auf Nachfrage beim örtlichen Förster können hier gelegentlich wertvolle Baustoffe günstig erworben werden.

2.7: Eine der offensichtlichsten Begrenzungen ist die Grundstücksgrenze.

2.8: Auch der Schattenwurf und Wurzeldruck großer Bäume können Begrenzungen sein, wenn sie nicht durch Planung in Ressourcen umgewandelt werden.

Bei vielen Dingen, wie Bau-Resten oder vermeintlichen Abfällen, ist nicht auf den ersten Blick zu erkennen, dass es sich um mögliche Ressourcen handeln könnte. Es ist auch erst einmal egal, ob diese unter Ressourcen oder unter Begrenzungen stehen. Wichtig ist nur, dass möglichst alles Vorhandene aufgenommen wird. Bei der Gartenplanung im nächsten Schritt werden dann Begrenzungen in Ressourcen umgewandelt. Sie können auf Ihrem Blatt unten noch ein zusätzliches Feld mit Dingen einfügen, die Sie momentan nicht sicher den Ressourcen oder den Begrenzungen zuordnen können oder möchten.

Nun teilen Sie auch die Spalte der Begrenzungen in „vor Ort" und „in der Umgebung" auf und tragen darin die Begrenzungen ein. Standort-Begrenzungen auf dem Grundstück können zum Beispiel sein:

- Schattenwurf und Wurzeldruck von Bäumen
- Pflanzen, die den Garten überwuchern
- Mangelnder Platz
- Geringe Auswahl an Werkzeugen, Geräten und Materialien
- Vorhandene Bauteile oder Altbauten
- Raum, der durch Unnützes blockiert wird
- Schwere Zugänglichkeit

Auch hier werden Boden und Klima noch nicht berücksichtigt.

Standort-Begrenzungen in der Umgebung können zum Beispiel sein:

- Nachbarn, die sich über bestimmte Dinge beklagen oder beklagen würden
- Große Entfernungen zu Material- und Pflanzenlieferanten
- Gesetzliche Auflagen zur Garten- oder Wassernutzung
- Lärm oder Abgase aus der Umgebung
- Unerwünschte Einflüsse aus der Umgebung (Spritzmittel etc.)

Sie sehen also, dass Begrenzungen den gleichen Einfluss haben können wie Ressourcen. Oft macht lediglich die Berücksichtigung im Gesamtkonzept den Unterschied, ob ein Umstand als Begrenzung oder als Ressource gesehen wird. Ein Baum kann beispielsweise Pflanzen in seiner Umgebung durch Wurzeldruck und Beschattung kümmern lassen. Es gibt aber auch Pflanzen, die eine gewisse Beschattung benötigen oder sogar Wurzel-Symbiosen mit Bäumen eingehen, wie es z.B. auch viele Pilzarten tun.

Tabelle 2.1 zeigt, wie Frau Steckling die Ressourcen und Begrenzungen ihres Gartens aufgenommen und notiert hat.

Auch die Aufstellung über Ressourcen und Begrenzungen des Standortes legen Sie nun vorerst beiseite. Denn jetzt geht es ans Messen und Zeichnen.

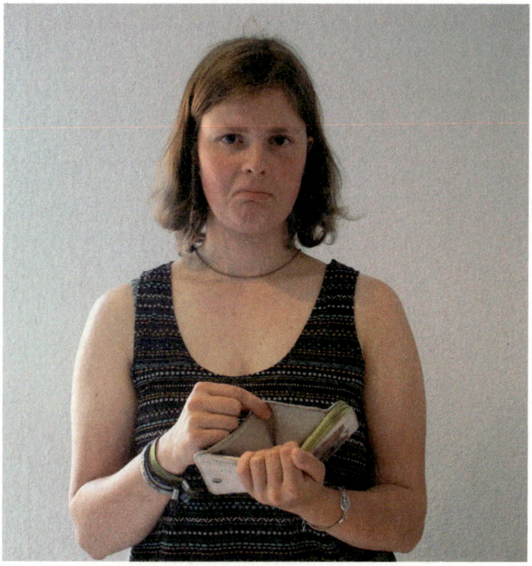

2.9
Die finanziellen Mittel sind oft ein begrenzender Faktor. Dies kann allerdings auch dazu anspornen, kreative und günstige Lösungen zu finden.

Tabelle 2.1: So hat Frau Steckling die Ressourcen und Begrenzungen ihres Gartens aufgenommen.

| **Ressourcen vor Ort** | **Begrenzungen vor Ort** |
|---|---|
| • Ein großer Apfelbaum<br>• Einige kleinere Obstbäume und Sträucher<br>• Ein Hochbeet, zwei Gemüsebeete<br>• Terrasse am Haus<br>• Wildkräuter am hinteren Hang<br>• Reifer Komposthaufen<br>• Bruchsteine von der abgerissenen Wand<br>• Zwei Außensteckdosen<br>• Ein Außen-Wasserhahn<br>• Zwei Regenwasser-Fallrohre (zum Kanal)<br>• Standard-Satz an Werkzeug ist vorhanden | • Keine befestigten Wege im Garten<br>• Der eine Gartenteil ist sehr steil<br>• Das alte Gartenhaus nimmt Platz weg und sieht furchtbar aus<br>• Alte Hainbuchen-Hecke nimmt viel Licht auf der einen Seite weg und sieht nicht mehr schön aus<br>• Auf der sonnigen Hausseite ist nur sehr wenig Platz |
| **Ressourcen in der Umgebung** | **Begrenzungen in der Umgebung** |
| • Mit der Nachbarin könnte man Saatgut und Pflanzen tauschen, evtl. auch die Ernte teilen<br>• Der Nachbar ist ein erfahrener Zimmermann<br>• Ein Arbeitskollege meines Mannes interessiert sich für Permakultur und hilft bestimmt gerne bei der Anlage mit<br>• Im Nachbarort gibt es ein Sägewerk<br>• Es gibt mehrere Baumärkte in der Nähe | • Die nächste Baumschule ist 60 km entfernt<br>• Ansonsten gibt es nur zwei Gartencenter, keine Fachbetriebe oder Bio-Gärtnereien<br>• Der Nachbar unterhalb beschwert sich manchmal über Laubfall auf seinen Rasen<br>• Von der Bundestraße kommt etwas Lärm |
| **Unklar, ob es als Ressource oder Begrenzung zu werten ist:** | |
| • Alte, niedrige Betonmauer (ehemals Fundament eines Zaunes)<br>• Viel Schnittgut und Äste vom letzten Herbstschnitt<br>• Stammstücke vom gefällten Baum | • Bauschutt (Beton und Ziegel) vom Umbau im Haus<br>• Die Badewanne aus dem alten Bad<br>• Die Mulde, die sich im Winter mit Wasser füllt |

# Klima- und Bestandsplan

Sie haben nun schon reichlich Hintergrundinformationen zu Ihrem Garten gesammelt und vielleicht schon das eine oder andere entdeckt, das Ihnen neu war oder das Sie sogar überrascht hat. Mit dem Bestandsplan und einem darauf aufbauenden Klimaplan werden wir jetzt die nächste wichtige Grundlage für die spätere Gartenplanung schaffen.

## Der Bestandsplan

Wie der Name schon sagt, handelt es sich um einen Plan, in dem der Bestand, also alles was momentan auf dem Grundstück vorhanden ist, eingezeichnet ist. Das betrifft zunächst nur die greifbaren Dinge wie Bäume, Sträucher, Beete, Gebäude, Grenzen, Zäune, Wege etc. – eben alles, was sich zum Zeitpunkt der Bestandsaufnahme auf dem Grundstück befindet, und zwar stets in der momentanen Größe. Ein frisch gepflanzter Baum wird also auch als solcher eingezeichnet, und nicht im ausgewachsenen Zustand, wie wir es dann später beim Entwurfsplan markieren.

Eine gute Grundlage für den Bestandsplan ist ein Grundstücksplan mit Gebäuden. Wurde gebaut oder ein Haus gekauft, ist ein solcher Plan meist vorhanden. Dort sind alle Grundstücksgrenzen eingezeichnet, sowie Gebäude und ggf. Zufahrten oder befestigte Flächen. Ist der Plan schon im Maßstab 1:100, kopieren Sie diesen zweimal. Ist er in einem anderen Maßstab, gibt es die Möglichkeit, den Plan bei einem Copyshop in den gewünschten Maßstab vergrößern zu lassen. Haben Sie einen eher kleinen Garten, können Sie auch gleich auf den Maßstab 1:50 kopieren. Dann lassen sich auf einem DIN-A3-Blatt viele Details darstellen.

Gibt es für Ihren Garten keinen solchen Plan, müssen Sie diesen erst erstellen und beginnen mit dem Aufmessen von Grundstücksgrenzen und Gebäuden. Im Anhang (Seite 135) werden verschiedene Aufmaß-Techniken Schritt für Schritt beschrieben. Müssen Sie in Ihrem Fall ein Aufmaß anfertigen, hilft Ihnen die Beschreibung dort sicher weiter.

2.10
Wer noch einen Plan vom Hausbau hat, hat es gut. Hier sind meist alle nötigen Dinge wie Grundstücksgrenzen und Gebäude eingetragen.

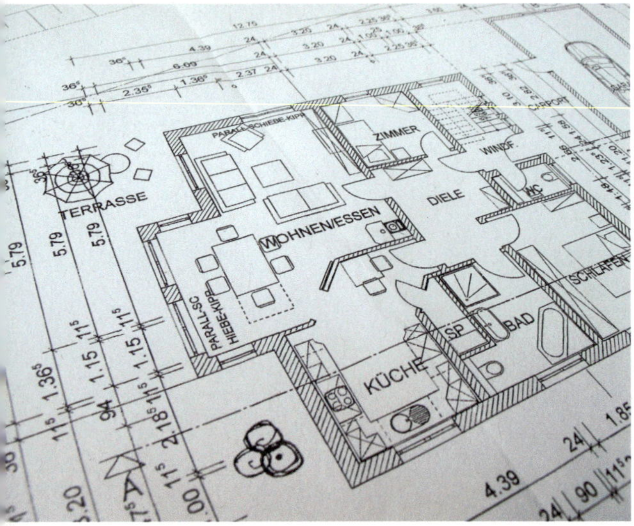


2.11
Allein Aufmessen ist kinderleicht, wenn man sich eine große Schraube oder einen Nagel als „Helfer“ besorgt. Dieser hält das Maßband auf der einen Seite fest.

## Den Bestand aufmessen

Falls Sie keinen Grundstücksplan mit Grenzen und Gebäuden zur Hand haben, erstellen Sie diesen folgendermaßen:

1. Nehmen Sie ein A4-Blatt zur Hand und skizzieren Sie Ihren Garten von oben gesehen. Die Maße tragen Sie jeweils in Metern mit zwei Kommastellen in die Skizze ein.
2. Messen Sie die Länge einer beliebigen Grenzlinie.
3. Messen Sie jeweils vom Beginn und Ende dieser Grenzlinie (den Grundstücksecken) zu den anderen Grundstücksecken.
4. Messen Sie nun im gleichen Triangulations-Verfahren zwei Gebäude-Ecken der gleichen Wand auf.
5. Nun haben Sie eine Seite des Gebäudes und müssen von dort nur noch die übrigen Wandlängen messen. Falls das Gebäude nicht rechtwinklig ist, messen Sie den Rest auch über die Triangulation.
6. Messen Sie so alle Gebäude auf dem Grundstück ein.
7. Messen Sie die Lage von Türen und Fenstern.
8. Messen Sie die Dachüberstände der Gebäude.
9. Und messen Sie auch die befestigten Flächen und Zufahrten ein. Entweder mit der Triangulation oder über eine Grundlinie.
10. Zuletzt übertragen Sie das Aufmaß in einen maßstäblichen Plan im Maßstab 1:100 oder 1:50 auf ein weiteres Blatt (wahrscheinlich ist A3 oder größer nötig).
11. Vermerken Sie noch die Nordrichtung und was sich jeweils jenseits der Grundstücksgrenzen anschließt (Straße, Nachbar Müller, Nachbar Huber, Wald, etc.).

Nun haben Sie einen Grundstücksplan mit allen Grenzen und Gebäuden. Kopieren Sie diesen Plan zwei- oder dreimal.

Beim Erfassen des *Bestandes* an Pflanzen und Baulichkeiten im Garten gehen Sie so vor:

1. Nehmen Sie eine Kopie Ihres Grundstücksplanes zur Hand und skizzieren Sie den gesamten Garten grob auf (Wege, Bäume, Beete, Hecken, Bauwerke etc.).

2.12: Bestandsplan der Familie Steckling; Das Grundstück mißt 33 x 20 m, die Gartenfläche beträgt 450 m².

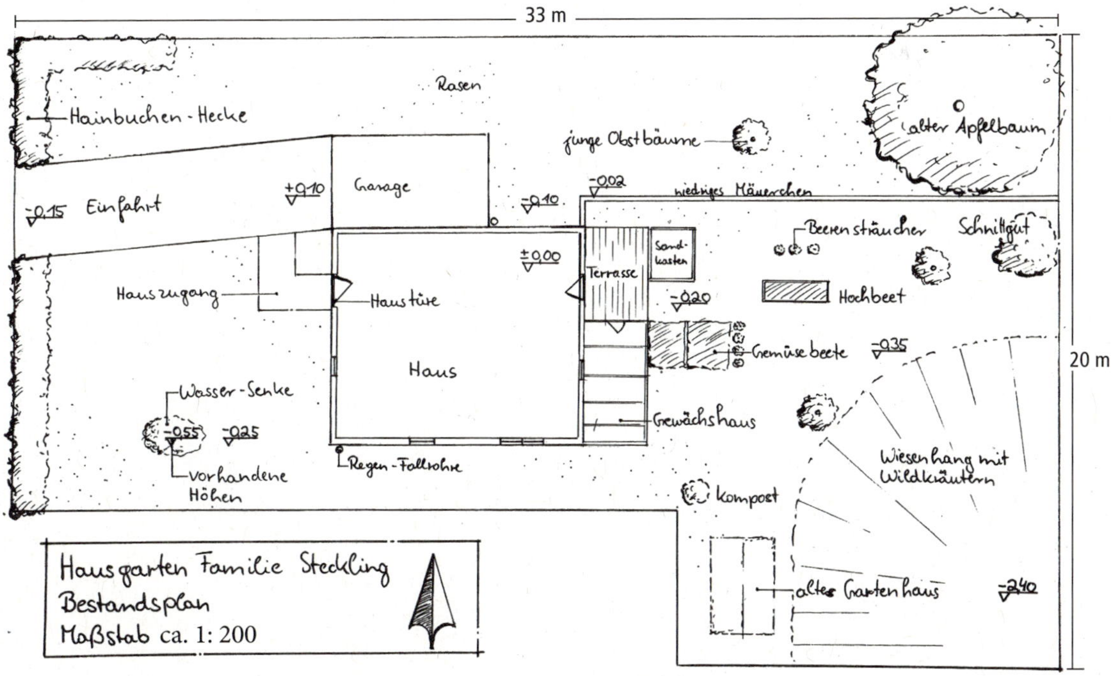

2. Nun beginnen Sie, die größten Dinge von Ihrem Garten aufzumessen (Bäume, Hecken, Terrassen, Wege, große Beete und ähnliches). Wählen Sie das Triangulations-Verfahren, helfen Ihnen die Gebäude und Grundstücksgrenzen als Bezugspunkte, deren Lage Sie ja schon kennen. Ist Ihnen das Aufmessen über eine Grundlinie lieber, können Sie hierfür Hauskanten, klar definierte Grenzen (Zäune/Mauern) oder eine gespannte Schnur als Grundlinie verwenden.
3. Bestimmen Sie auch die genaue Lage von Wasserhähnen, Regen-Fallrohren und Außensteckdosen.
4. Überlegen Sie, was sonst noch in Ihrem Garten ist, dessen Lage später wichtig sein könnte, und messen Sie auch diese Dinge ein.
5. Nun ist wahrscheinlich noch reichlich Kleinzeug übrig. Die genaue Lage von Pflanztrögen, kleinen Beeten, Wildblumen und solchen Dingen ist meist weniger wichtig und muss nicht aufgemessen werden.
6. Übertragen Sie am Schreibtisch Ihr Aufmaß in die zweite Kopie des Grundstückplanes und beschriften Sie die Dinge.
7. Nun können Sie noch die Lage der vielen kleinen Dinge, die Ihnen vielleicht wichtig sind, hinreichend genau schätzen und in den Plan eintragen. Eine Ansammlung von wildem Johanniskraut befindet sich z.B. in etwa zwischen Apfelbaum und Terrasse.

Zusammen mit Ihrem Mann hat Frau Steckling ein Aufmaß von Grundstück und Garten erstellt und den Bestandsplan in Abb. 2.12 angefertigt.

## Der Klimaplan

In einen erweiterten Bestandsplan mit Klimainformationen, den „Klimaplan“, werden allgemeine Infos über Jahresniederschlag, die Qualität des anstehenden Bodens und das vorherrschende Klima eingetragen. Das heißt, im Bestandsplan werden Informationen zu Wind, Wasser, Temperaturen und Boden vermerkt. Kopieren Sie dazu den Bestandsplan Ihres Gartens. Alternativ können Sie auch ein Transparentpapier über den Bestandsplan legen und darauf die Klima-Infos eintragen. Tragen Sie nun folgende Informationen zusammen, die Sie seitlich auf die Kopie des Bestandsplanes schreiben:

2.13
Wer häufig den pH-Wert von Böden bestimmen muss, für den lohnt sich ein solches digitales Messgerät.

2.14
Für eine gelegentliche Messung des pH-Wertes ist ein solches Test-Set aus dem Gartencenter ausreichend.

- Jahresniederschlag der Region und ungefähre Verteilung über das Jahr
- Hauptwindrichtung im Sommer und im Winter
- Beschreibung des anstehenden Bodens und sein pH-Wert

Den pH-Wert können Sie mit einem kleinen Prüf-Set messen. Solche gibt es in jedem Garten-Center zu kaufen.

Die Bodeneigenschaft bestimmen Sie am besten mit der nachfolgend beschriebenen Finger- und Ausrollprobe. Ein grundsätzliches Wissen über den vorhandenen Boden in Ihrem Garten ist sehr hilfreich, da Sie so später die geeigneten Pflanzen für den vorhandenen Boden aussuchen können und einiges über die Eigenschaften Ihres Bodens erfahren.

## Bestimmung der Bodenart: Finger- und Ausrollprobe

Böden werden grundsätzlich nach den Korngrößen der enthaltenen Bestandteile eingeteilt. Als Bodenbestandteile kommen Steine (ab 2,0 mm Durchmesser), Sand (Korngröße 2,0 - 0,063 mm ø), Schluff (Korngröße 0,063 – 0,002 mm ø) und Ton (Korngröße unter 0,002 mm ø) in Betracht. Lehm ist ein Gemisch aus je einem Drittel Sand, Ton und Schluff.

Bei der Finger- und Ausrollprobe quetscht und rollt man den feuchten Boden zwischen den angefeuchteten Handflächen. Hierbei werden Steine vorher entfernt.

Ist die Bodenart bestimmt, geben Sie anschließend den Zusatz „steinig", „leicht steinig" oder „steinfrei" vor der Bodenart an, je nachdem, wie viele Steine Sie aus Ihrer Bodenprobe entfernen mussten.

1. Versuchen Sie den Boden zu einer bleistiftdicken Wurst auszurollen. Ist die Wurst
   - ausrollbar, gehe zu 4.
   - nicht ausrollbar, gehe zu 2.
2. Prüfen Sie die Bindigkeit zwischen Daumen und Zeigefinger. Ist der Boden
   - bindig und haftet schwach am Finger: => lehmiger Sand
   - nicht bindig und nicht formbar, gehe zu 3.
3. Zerreiben Sie die Probe in der Handfläche. Bleibt
   - in Fingerrillen mehlige, stumpfe Feinsubstanz sichtbar, handelt es sich um schluffigen Sand.
   - keine Feinsubstanz in den Fingerrillen haften, handelt es sich um Sand.
4. Versuchen Sie den Boden zu einer halbbleistiftdicken Wurst auszurollen. Ist die Probe
   - nicht ausrollbar, gehe zu 5.
   - ausrollbar, stumpf, mehlig, gehe zu 7.
   - ausrollbar, plastisch, klebrig, gehe zu 10.

2.15
Ausrollprobe bei einem sandigen Boden. Dieser lässt sich kaum zu einer bleistiftdicken Wurst ausrollen.

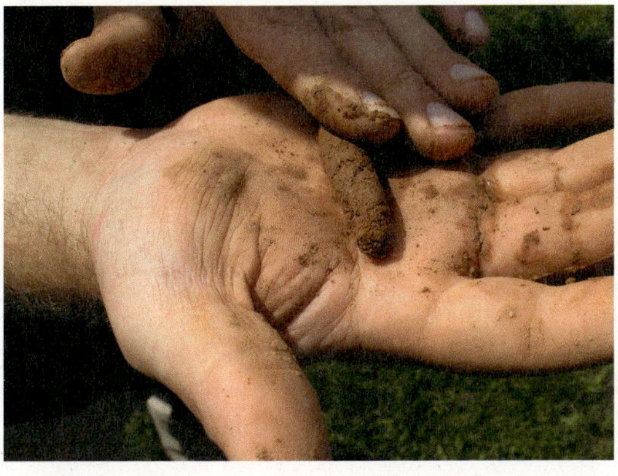

2.16
Ausrollprobe bei einem tonigen Boden. Auch ein Wurst-Durchmesser von 1 mm ist hier kein Problem.

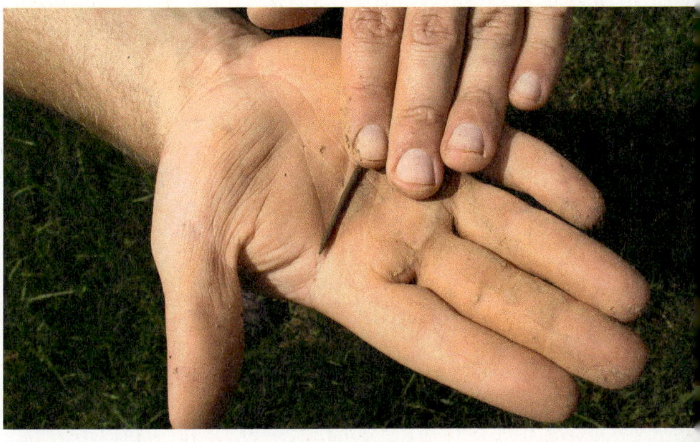

5. Prüfen Sie die Bindigkeit zwischen Daumen und Zeigefinger. Ist die Probe
   - bindig u. haftet deutlich am Finger, gehe zu 6.
   - nicht oder nur schwach bindig, enthält aber kaum Sandkörner, gehe zu 7.

6. Beurteilen Sie die Feinsubstanzmenge.
   - Bei wenig Feinsubstanz (Sand 60 - 95 %) handelt es sich um tonigen Sand.
   - Bei viel Feinsubstanz (Sand 45 - 68 %) handelt es sich um sandigen Lehm.

7. Prüfen Sie die Körnigkeit.
   - Sind Sandkörner sicht- und fühlbar, handelt es sich um sandigen Schluff
   - Sind Sandkörner nicht oder nur schwach sicht- und fühlbar, gehe zu 8.

8. Prüfen Sie die Bindigkeit zwischen Daumen und Zeigefinger. Ist die Probe
   - nicht bindig, samtartig, mehlig, reißt und bricht schnell, kaum formbar, handelt es sich um Schluff;
   - schwach bindig, reißt aber beim Zusammenquetschen, gehe zu 9.

9. Prüfen Sie die Konsistenz. Ist die Probe
   - deutlich mehlig und reißt leicht, handelt es sich um tonigen Schluff;
   - schwach mehlig, reißt kaum und ist gut formbar, handelt es sich um schluffigen Lehm.

10. Prüfen Sie die Körnigkeit. Sind
    - Sandkörner gut fühl- und sichtbar und ist die Probe rissig, handelt es sich um sandigen Lehm;
    - Sandkörner nicht oder kaum fühl- und sichtbar, gehe zu 11.

11. Versuchen Sie die Wurst zu einem Ring zu biegen. Ist die Wurst
    - schlecht formbar und zeigen sich schwach glänzende Gleitflächen bei einer Quetschprobe, handelt es sich um sandigen Ton;
    - gut formbar, gehe zu 12.

12. Beurteilen Sie die Gleitfläche bei einer Quetschprobe. Ist die
    - Gleitfläche stumpf, handelt es sich um Lehm
    - Gleitfläche sehr schwach glänzend, handelt es sich um tonigen Lehm
    - Gleitfläche glänzend, gehe zu 13.

Tabelle 2.2: Auswertung der Bodenprobe und daraus resultierende Eigenschaften

| Bodenart | Bedeutung | Eigenschaften |
|---|---|---|
| **lehmiger Sand** | viel Sand mit etwas Schluff und Ton | Je mehr Sand enthalten ist, desto leichter ist der Boden zu bearbeiten, desto weniger Wasser und Nährstoffe speichert er und desto schneller erwärmt er sich. Je mehr Ton enthalten ist, desto schwerer ist der Boden zu bearbeiten, desto mehr Wasser und Nährstoffe kann er speichern und desto langsamer erwärmt er sich. Schluff liegt in der Größe zwischen Ton und Sand und sorgt meist für sehr fruchtbare Böden. Löss-Böden bestehen z.B. hauptsächlich aus Schluff. |
| **schluffiger Sand** | viel Sand mit etwas Schluff | |
| **Sand** | reiner Sand | |
| **toniger Sand** | viel Sand mit etwas Ton | |
| **sandiger Lehm** | Ton-Schluff-Sand-Gemisch mit etwas mehr Sand | |
| **sandiger Schluff** | viel Schluff mit etwas Sand | |
| **Schluff** | reiner Schluff | |
| **toniger Schluff** | viel Schluff mit etwas Ton | |
| **schluffiger Lehm** | Ton-Schluff-Sand-Gemisch mit etwas mehr Schluff | |
| **sandiger Ton** | viel Ton mit etwas Sand | |
| **Lehm** | Ton-Schluff-Sand-Gemisch zu je gleichen Anteilen | |
| **toniger Lehm** | Ton-Schluff-Sand-Gemisch mit etwas mehr Ton | |
| **lehmiger Ton** | viel Ton mit etwas Schluff und Sand | |
| **Ton** | reiner Ton | |
| **steinig** | viele Steine im Boden | Steine erschweren die Bearbeitbarkeit von Böden, speichern aber auch Wärme und sorgen für Hohlräume. |
| **leicht steinig** | einige Steine im Boden | |
| **steinfrei** | keine Steine im Boden | |

13. Prüfen Sie die Probe vorsichtig zwischen den Zähnen.
    - knirschen => lehmiger Ton
    - butterartige Konsistenz => Ton

Quelle: Jonas Gampe (2016), Volker Croy (2015) nach DIN 4220 und W. von Rheinbaben (2008), verändert.

Direkt in den kopierten Bestandsplan tragen Sie außerdem noch folgende Details ein. Verwenden Sie verschiedene Farben, um den Klimaplan übersichtlich und einleuchtend zu gestalten.

- Sonnige und schattige Bereiche
- Trockene und feuchte Bereiche
- Windige und geschützte Bereiche
- Warme und kühle Bereiche
- Bereiche mit hoher oder niedriger Luftfeuchtigkeit
- Unterschiede in der Bodenqualität (sandige, lehmige, karge, fruchtbare Bereiche)

Dabei hilft es enorm, wenn Sie Ihren Garten schon einige Zeit kennen und bereits in allen Wettersituationen und Jahreszeiten erlebt haben. Ist das nicht der Fall, müssen Sie etwas genauer hinschauen und ggf. auch Ihre Vorstellungskraft spielen lassen. Oft verraten vorkommende Wildpflanzen, eine bestimmte Wuchsform von Pflanzen oder andere Details der Vegetation interessante Dinge über den Standort. Beispiele für solche indirekten Informationen sind:

- Viel Löwenzahn und Ampfer deuten auf verdichteten oder schweren Boden hin.
- Eine etwas lückenhafte Wiese mit vielen Wildblumen wächst meist nur auf magerem, steinigem Boden.
- Ist der Boden fett und lehmig, wächst dort eine saftige Wiese mit viel Gras und eher wenigen Blumen.
- Schief wachsende Bäume stehen oft in starkem Wind oder auf einer Wasserader.
- Sind viele Flechten an einem Baum, hat dieser kaum noch Zuwachs, denn Flechten wachsen nur auf Untergründen, die sich nicht bewegen. Hier kann der Boden verdichtet oder ungeeignet sein. Oder ein junger Baum hat zu viel Konkurrenz durch Gräser in seinem Wurzelbereich.

2.17
Viele Flechten an einem Baum: Diese schaden dem Baum nicht, sind aber Zeigerpflanzen für kümmernden Wuchs. Nur wenn der Baum fast keinen Zuwachs mehr hat, können Flechten auf der „ruhigen“ Oberfläche gedeihen.

2.18
An diesem Baum ist die Hauptwindrichtung gut zu erkennen. Er ist nach Osten geneigt, somit kommen starke Winde häufig von Westen.

- In Bereichen mit Sumpfwiesen-Pflanzen sammelt sich häufiger Wasser (Staunässe).
- Erosions-Riefen im Boden deuten darauf hin, dass das Regenwasser schnell abfließt.

Auch die folgenden Aspekte sind beim Klimaplan zu berücksichtigen, d.h. diese und ggf. weitere Beobachtungen sollten in den Klimaplan einfließen:

2.19: Steine speichern Wärme. Das freut auch diesen Schmetterling.

2.20: Als Windschutz ideal: eine locker aufgebaute Hecke

- Wände und Steine speichern Wärme und strahlen sie ab. Werden sie von der Sonne beschienen, ist die Durchschnittstemperatur in der unmittelbaren Umgebung meist höher. Liegen sie im Schatten, tragen sie die Kühle der Nacht in den Tag hinein.
- Auch Wasser ist ein Wärmespeicher. So herrscht um Teiche herum eine konstantere Temperatur und natürlich erhöhte Luftfeuchtigkeit.
- Lockere Hecken bremsen den Wind ab und machen den Standort auf der Leeseite etwas feuchter.
- Sehr dichte Schnitthecken und Mauern sorgen für Wind-Verwirbelungen auf der Leeseite, was nur den Bereich unmittelbar hinter der Mauer oder Hecke vor Wind schützt.
- Wird der Wind durch Mauern, Gebäude oder dichte Hecken kanalisiert (ggf. mit Verjüngung), entsteht eine Art Windkanal mit erhöhter Windgeschwindigkeit.
- Je feiner die Erde, desto mehr Wasser kann sie aufnehmen und speichern (Steine und Sand sehr wenig, Schluff und Ton sehr viel). Allerdings dauert es auch länger, bis Feuchtigkeit in schwere Böden eindringt.
- Grundsätzlich können Sie auch aus den Standortansprüchen der wild aufgehenden Pflanzen Informationen über den jeweiligen Standort erhalten.

2.21: Luv- und Lee-Seite einer Hecke

2.22:
Die Bestimmung der natürlichen Vegetation kann Aufschluss über Boden und Klima am Standort geben.

2.23:
Als Windschutz nur bedingt zu gebrauchen: dichte Schnitthecken schützen nur direkt dahinter vor Wind. Ein paar Meter weiter kommt es dann zu Verwirbelungen, die sogar kräftiger ausfallen können als der ursprüngliche Windstoß.

## Klimaplan von Familie Steckling

Vor Ihnen liegt nun ein anschaulicher und übersichtlicher Klimaplan, auf dem schnell zu erkennen ist, wo welche Bedingungen auf dem Grundstück herrschen. Auch der Bestand ist natürlich noch zu erkennen, da die Grundlage ja der Bestandsplan war. So haben Sie jetzt eine ideale Basis zur weiteren Planung des Gartens.

2.24: Der Klimaplan von Familie Steckling

## Sich selbst kennenlernen

Ein Garten besteht nicht nur aus Bäumen, Sträuchern, Blumen und Gräsern, Beeten, Wegen und Plätzen. Auch die Bewohner und Bewirtschafter des Gartens gehören dazu. In der Permakultur werden die Bewirtschafter eines Systems immer als Teil des Systems betrachtet. So sollten Sie sich als Teil Ihres Gartensystems sehen und entsprechend Ihre Wünsche und Neigungen berücksichtigen und einplanen. Dieser Denkansatz beugt Enttäuschungen und Ärger vor. Manche Gärten sind voll von tollen Pflanzen und Elementen, die bei anderen Gärtnern super funktionieren; finden die Bewirtschafter aber keinen rechten Bezug zu einer so großartigen Ausstattung, frustriert das auf Dauer genauso, wie wenn man in der schönsten Gartenanlage, die exakt den eigenen Vorstellungen entspricht, mit der Pflege und Erhaltung nicht hinterherkommt.

Um zu einer langfristig gut funktionierenden Gartengestaltung zu gelangen, ist es daher wichtig, auch ein paar Dinge über sich selbst zu erfahren und zu klären.

### Bedürfnisse und Wünsche

Finden Sie zunächst heraus, was Sie von Ihrem Garten erwarten. Welche Träume, Vorstellungen und Wünsche haben Sie und welche ganz pragmatischen Bedürfnisse gibt es, die Ihr Garten erfüllen soll? Diese Frage klären Sie am besten mit allen zukünftigen Bewirtschaftern und Nutzern des Gartens, also z.B. mit Ihrer Familie oder allen Hausbewohnern.

Hierzu kann entweder jeder auf einem Zettel mit den entsprechenden Fragestellungen seine Antworten notieren, so dass jeder genügend Zeit hat, in Ruhe über seine Antworten nachzudenken. Oder man setzt sich gemeinsam zu einem „Traumkreis" zusammen und sammelt reihum die Beiträge zu der entsprechenden Frage, bis niemandem mehr etwas einfällt. Dabei sollten die Antworten zunächst lediglich gesammelt und keine voreiligen Bewertungen abgegeben werden. Auch Diskussionen darüber, ob eine Idee nun mehr oder weniger Sinn macht, sind zunächst zurückzustellen. Zettel und Traumkreis können auch kombiniert werden, indem beispielsweise zuerst die Zettel verteilt und ausgefüllt werden und man sich anschließend trifft, um die Antworten zusammenzutragen. Oder man hängt das Protokoll des Traumkreises noch ein paar Tage auf, so dass jeder dieses schriftlich ergänzen kann.

Egal, für welche Methode oder Kombination Sie sich entscheiden, klären Sie zu jedem Wunsch auch immer, was dahinter steckt. Neben den Wünschen kann z.B. in einer zweiten Spalte notiert werden, *warum* dieses und jenes gewünscht wird. Dies ist besonders wichtig, da hinter einem bestimmten Wunsch verschiedene Bedürfnisse stehen können, und auch jedes Bedürfnis später von unterschiedlichen Dingen abgedeckt werden

2.25: Hinter einem Wunsch können viele verschiedene Bedürfnisse stecken

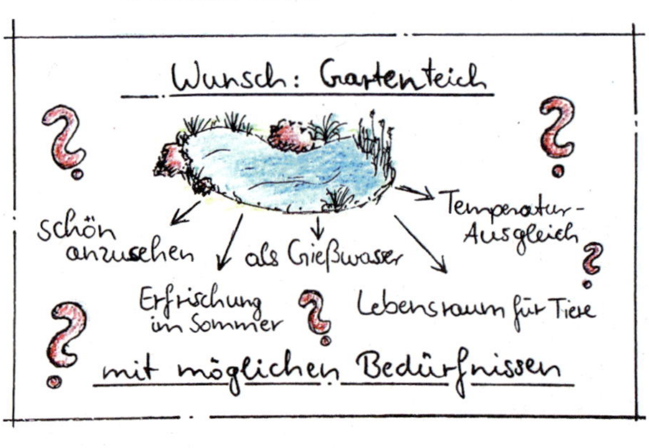


2.26: Ist das Bedürfnis geklärt, kann es mit den unterschiedlichsten Gestaltungselementen gestillt werden.

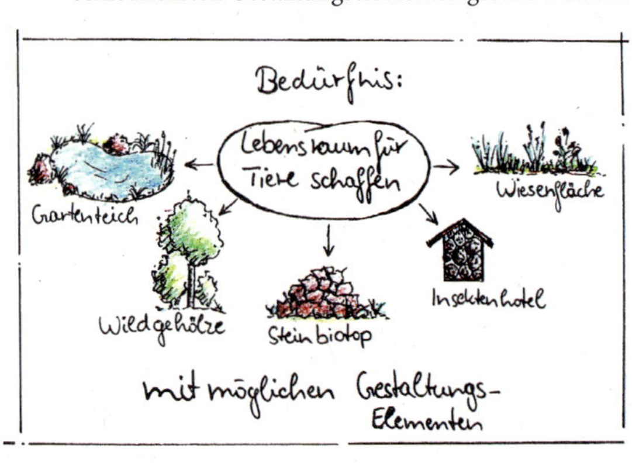

kann. So stellen Sie sicher, dass nichts übersehen oder falsch verstanden wird, und können im Gestaltungsprozess ggf. für das geäußerte Bedürfnis ein anderes Element auswählen, welches besser in das Gesamtkonzept passt.

Wenn Sie möchten, können Sie auch von Anfang an eine Liste mit zwei Spalten (links die Wünsche und rechts die Gründe oder die Ziele hinter den Wünschen) erstellen. Im Endeffekt läuft es meistens auf dieses Muster hinaus. Manche brauchen mehr Struktur, andere mehr Freiraum. Entscheiden Sie selbst, was besser zu Ihnen passt.

Frau Steckling hat an einem freien Nachmittag ihren Mann und die beiden Kinder zu einem Traumkreis eingeladen. Die Frage dabei war:

„Was wünschst du dir für unseren Garten und warum?" Hinter jedem Stichpunkt hat sie noch dazu geschrieben, von wem der Wunsch geäußert wurde. Anschließend wurde die gesamte Liste im Wohnzimmer aufgehängt und jeder konnte innerhalb der darauffolgenden Woche noch Ergänzungen eintragen. Wie die Wunschliste von Familie Steckling am Ende aussieht, zeigt Tabelle 2.3.

Tabelle 2.3: Die Liste mit den Wünschen und Zielen von Familie Steckling

| **Was wünscht du dir für unseren Garten...** | **...und warum?** |
|---|---|
| • einen Bade-Teich (Tina) | • um sich im Sommer erfrischen zu können |
| • Erdbeeren (Tim) | • um etwas zum Naschen zu haben |
| • eine große Terrasse mit Liege (Bernd) | • um sich ausruhen zu können |
| • viele bunte Blumen (Berta) | • damit es immer schön und bunt ausschaut |
| • eine Schaukel (Tina) | • da sitze ich dann immer drauf und schau was alles im Garten passiert |
| • eine große Burg (Tim) | • zum Klettern und Spielen |
| • ein Kräuterbeet (Bernd) | • um frische Kräuter zum Kochen zu haben |
| • pflegeleichte Gemüsebeete (Berta) | • für eigenes Gemüse, aber ich will nicht ständig jäten und gießen müssen |
| • ein Gehege und einen Hasen dazu (Tina) | • zum Streicheln und Liebhaben |
| • Ich will auch ein Häschen! (Tim) | • weil Tina auch eines bekommt |
| • vielleicht Hühner statt Hasen (Bernd) | • da könnte man wenigstens die Eier nutzen |
| • Die sind aber nicht so flauschig! (Tina) | |
| • Das ist kein Diskussionsforum und außerdem bin ich dran. Also, eine schattige Sitzecke. (Berta) | • um in der Sommerhitze auch ein gemütliches Eck zu haben |
| • Mir fällt nichts mehr ein (Tina) | |
| • Der Sandkasten muss bleiben (Tim) | • da spiele ich immer noch drin |
| • weniger Rasen (Bernd) | • den muss man so oft mähen und pflegen |
| • Kletterpflanzen am Haus (Berta) | • das sieht schön und heimelig aus |
| • den steilen Gartenteil besser nutzen (Bernd) | • der ist irgendwie so überflüssig momentan |
| • das alte Gartenhaus abreißen (Berta) | • sieht nicht schön aus und wird nicht genutzt |
| • noch mehr von den gelben Himbeeren (Tina) | • weil die so gut schmecken! |
| • befestigte Wege durch den Garten (Bernd) | • um auch bei Nässe gut durchlaufen zu können |
| • Nahrung und Raum für Wildtiere wie Bienen, Igel und Vögel (Berta) | • Unterstützung der Artenvielfalt, als Nützlinge und zum Beobachten |
| • Reste vom Bau und Trödel entsorgen (Bernd) | • mehr Ordnung im Garten |
| • übersichtliche Gartenarbeiten und etwas Hilfe dabei (Berta) | • ich will nicht immer alles allein pflegen und wissen, wann es genug ist |
| • verschiedene Bäume mit schönen Blättern (Tina) | • die kann man im Herbst pressen und trocknen und etwas damit basteln |

# Ressourcen und Begrenzungen der Nutzer

Mit dem Kapitel „Wünsche und Bedürfnisse“ ist nun geklärt, was Sie von Ihrem Garten erwarten. Im nächsten Schritt finden wir heraus, was Sie dafür geben und tun wollen. Für den Standort haben Sie die Liste der Ressourcen und Begrenzungen bereits erstellt. Nun geht es um die persönlichen Möglichkeiten und Grenzen. Das Format für diese Liste können Sie beibehalten (links die Ressourcen, rechts die Begrenzungen; das, was sich eventuell noch nicht einordnen lässt, schreiben Sie unten in die Mitte). Nur beziehen Sie die Wünsche, Gedanken und Fragen jetzt ganz auf sich selbst. Welche Mittel und wie viel Zeit möchten Sie in den Garten investieren? Wo liegen dabei Ihre Grenzen? Häufig wird ein Unterschied gemacht zwischen der Bereitschaft, Arbeit und Zeit für die Erstanlage zu investieren und dem dauerhaften zeitlichen Engagement für Pflege und Erhaltung der Gartenelemente. Falls das bei Ihnen der Fall ist, teilen sie die beiden Spalten jeweils noch in „für Gestaltung und Anlage“ und „für langfristige Pflege und Erhalt“ ein. Gehen Sie dabei mit einer möglichst ehrlichen und realistischen Einschätzung vor. Wenn Sie dauerhaft nicht mehr als eine Stunde pro Woche im Garten arbeiten möchten, dann schreiben Sie dies auch so hinein. Die Gestaltung Ihrer Gartenanlage muss dann in einem späteren Schritt entsprechend angepasst werden. Es bringt hier nichts, sich etwas vorzumachen. Allerdings lässt sich der Garten später umso intensiver bewirtschaften, je mehr Zeit und Mittel Sie investieren möchten bzw. können. Für jeden gewünschten Zeit- und Geld-Ansatz gibt es aber letztendlich ein passendes Gesamt-Design.

Falls der Garten nicht nur von *Ihnen* angelegt und bewirtschaftet wird, lassen Sie auch von allen anderen Beteiligten die Liste der Ressourcen und Begrenzungen ausfüllen.

Frau Steckling hat diese Liste ihrer Ressourcen und Begrenzungen erstellt. Da auch ihr Mann und die beiden Kinder ein bisschen mithelfen möchten, hat sie deren Vorschläge in Tabelle 2.4 mit eingefügt.

2.27 und 2.28
Gemüsebeet und Rasen: Beispiele für zeitaufwändige Gestaltungs-Elemente.

2.29 und 2.30
Blumenwiese und Beerenobst: Beispiele für extensive Gestaltungs-Elemente, die wenig Pflege brauchen.

Wenn auch Sie die Liste Ihrer persönlichen Ressourcen und Begrenzungen erstellt haben, können wir die Analyse-Phase abschließen und treten mit dem nächsten Kapitel in die Gestaltungs-Phase ein.

Tabelle 2.4: Ressourcen und Begrenzungen am Beispiel der Familie Steckling

| **Ressourcen für Gestaltung und Anlage** | **Begrenzungen** |
|---|---|
| • Im ersten Jahr kann ich mir insgesamt 3 Wochen dafür frei nehmen und zusätzlich jeden Samstag 4 Stunden freihalten.<br>• Die 1.500 € von dem Sparbuch würde ich gerne für die Anlage verwenden.<br>• Meine Mutter möchte uns nochmal 500 € dazu geben. | • Körperlich sehr anstrengende Dinge sollten Bernd und sein Arbeitskollege erledigen.<br>• Die 2.000 € sollten vorher gut eingeplant werden, damit am Ende nicht halbfertige Sachen rumstehen. |
| • Bernd kann sich zwei Wochen für die Gartenanlage frei nehmen. Sein an Permakultur interessierter Arbeitskollege hilft ihm dabei eine Woche lang.<br>• Tina und Tim möchten beide an den Samstagen jeweils 2 Stunden mithelfen.<br>• Die Nachbarin hat sich angeboten, die Wildkräuter zu erklären und ggf. den Hang dort mit anzulegen, wenn sie weiterhin ein paar Mal dort pflücken darf. | |
| **Ressourcen für langfristige Pflege und Erhalt** | **Begrenzungen** |
| • Langfristig möchte ich mir jeden Abend eine halbe Stunde Zeit nehmen und zusätzlich einen Samstag pro Monat als „Garten-Samstag" einplanen.<br>• Für Saatgut und Kleinzeug kann ich jedes Jahr ca. 200 € ausgeben.<br>• Bernd hilft gerne an dem „Garten-Samstag" für max. 3 Stunden mit, möchte aber ansonsten seine Ruhe haben.<br>• Auch Tina und Tim machen für 2 Stunden beim monatlichen „Garten-Samstag" mit. | • Wenn wir im Urlaub sind, können wir uns zwei Wochen im Sommer und eine Woche im Winter nicht um den Garten kümmern.<br>• Die links angegebenen Zeiten sollten nicht überschritten werden. Lieber manchmal etwas weniger. |

# 3 Gestaltungs-Elemente ermitteln

Durch die Analyse und Beobachtung des Standortes haben wir, ebenso wie beim besseren Kennenlernen von uns selbst und den anderen Garten-Beteiligten, viele Informationen gesammelt. Nun ist es an der Zeit, mit diesen Informationen die am besten geeigneten Gestaltungselemente für den Garten zu ermitteln. Dabei geht es noch nicht um Details wie genaue Pflanzenauswahl oder bauliche Feinheiten, sondern um einen ersten grundsätzlichen Entwurf. Der Entwurf sollte alle Elemente beinhalten, die benötigt werden, um die gewünschten Anforderungen an den Garten abzudecken. Und da eine Anforderung oftmals von einer Vielzahl an Elementen abgedeckt werden kann, suchen wir die heraus, die am besten passen.

Jedes Permakultur-System besteht aus einer Vielzahl an unterschiedlichen Elementen. Ein Element sind z.B. die Bewirtschafter. Weitere Elemente können Teiche, Bäume, Wege, Plätze, Beete, Hecken, ein Gewächshaus, ein Komposthaufen oder ein Erdkeller sein. In Tabelle 3.2 sind häufig eingesetzte Permakultur-Elemente und ihre Eigenschaften sowie Vor- und Nachteile aufgelistet. Details der Ausgestaltung sind erst einmal nicht wichtig. Aus welchen Pflanzen die Hecke besteht, was genau auf den Beeten wächst oder welchen Belag die Wege haben, ändert wenig bis gar nichts am Charakter der Elemente. Diese Details werden später festgelegt, wenn die Grundstruktur des Gartens erstellt ist.

Zu bedenken ist, dass Ihr Permakultur-Garten kein geschlossenes System ist. Zwar sind die Grenzen Ihres Grundstückes die Grenzen des zu planenden Systems; und soll ein Balkon gestaltet werden, dann ist das Geländer die Grenze des Systems. Andererseits ist der Garten zu allen Seiten hin offen, Tiere bewegen sich hindurch, Samen werden angeweht oder weggetragen und Regen fällt darauf und versickert wieder; es wird also von außen allerlei in das System eingetragen, und vieles verlässt es wieder.

3.1: Mit welchen Elementen sollte das konkrete Permakultur-System idealerweise gefüllt werden?

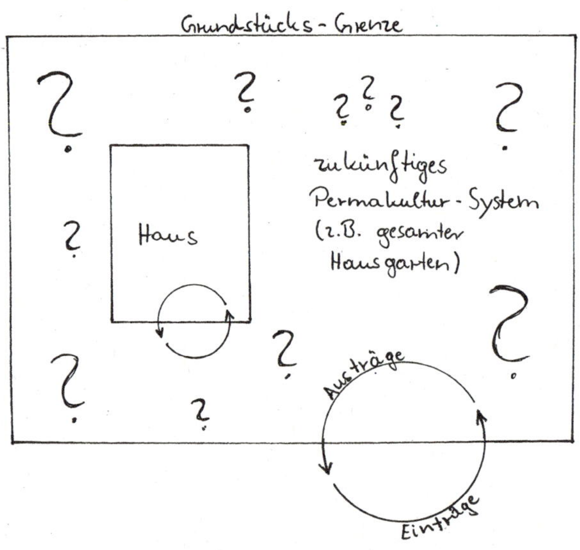


## Bereits bestehende Elemente

In jedem Garten gibt es Elemente, die bereits vorhanden sind. Auf jeden Fall gibt es die Bewirtschafter des Gartens und bei Neubauten zumindest eine Wiesen- oder Brachfläche. Bei bereits angelegten Gärten gibt es eine größere Vielzahl an Elementen. Schreiben Sie alle bestehenden Elemente auf, die Sie auch in Zukunft beibehalten möchten. Es geht, wie gesagt, um Gruppen und große oder wichtige Dinge, nicht um Details. Vermerken Sie zu jedem Element noch, ob es beweglich ist oder ob es an seinem jetzigen Platz stehen bleiben muss. Große Bäume lassen sich beispielsweise nicht versetzen, kleinere Sträucher oder Baukasten-Gewächshäuser hingegen schon.

Frau Steckling hat folgende vorhandenen Gestaltungs-Elemente aufgelistet, die sie auch in Zukunft in ihrem Garten behalten möchte.

- Nutzer (Bewirtschafter) (beweglich)
- Alter Apfelbaum (fest)
- Sandkasten (beweglich)
- Junge Obstgehölze (beweglich)
- Gewächshaus (fest)
- Terrasse am Haus (fest)

## Geforderte Qualitäten

Die Liste der Gestaltungs-Elemente wird nun vervollständigt. Entscheidungsgrundlage für die Auswahl der passenden Elemente sind zum einen die Begrenzungen und Ressourcen, die 5 Grundsätze der Permakultur-Definition auf Seite 9 und natürlich die Wünsche und Anforderungen an den Garten, allerdings nicht direkt die formulierten Wünsche, sondern eher die dahinter stehenden Qualitäten. Machen Sie daher zunächst eine Aufstellung der geforderten Qualitäten, bedenken Sie also die Funktion oder das Warum hinter den notierten Wünschen. Geht es bei mehreren Wünschen um die gleiche Funktion, fassen Sie diese zusammen. Grundlage dafür ist natürlich die Aufstellung aus dem Kapitel „Bedürfnisse und Wünsche" (Seite 30).

Die geforderten Qualitäten von Familie Steckling sehen zusammengefasst so aus:

- Schatten und Abkühlung im Sommer
- Früchte zum Naschen

3.2
In diesem Garten sind bis auf einen Baum fast keine Gestaltungselemente vorhanden.

3.3
Garten mit etlichen Gestaltungs-Elementen: Rasen, Wege, Beete, Teich, Grillplatz und Sitzplatz sind bereits vorhanden.

- Raum für Ruhe und Erholung
- Bunt, schön und ordentlich
- Beobachtungsplätze und -möglichkeiten
- Raum zum Klettern und Spielen
- Frische Küchen-Kräuter
- Eigenes Gemüse, aber pflegeleicht
- Tiere zum Streicheln und Liebhaben, die aber auch gewisse Erträge bringen sollen
- Weniger Pflegeaufwand als momentan
- Schönes auch direkt an den Hauswänden
- Den steilen Bereich besser nutzen
- Den Bereich des alten Gartenhauses schöner gestalten
- Gute Begehbarkeit des Gartens bei jedem Wetter
- Unterstützung der Artenvielfalt
- Gemeinsame Bewirtschaftung in klaren Grenzen
- Rohstoffe zum Basteln

Um die Ansprüche der Permakultur nicht außer Acht zu lassen, ergänzen wir die Eigenschaften um die Attribute aus den fünf Grundsätzen der Permakultur-Definition:

- Essbar
- Multifunktional
- Als Ökosystem
- Nachhaltig
- Sozialverträglich

Dies sind nun die Qualitäten, die wir mit den Gestaltungs-Elementen abdecken wollen.

## Geforderte Qualitäten mit geeigneten Elementen abdecken

Nun wird es etwas kompliziert, da alle zusammengetragenen Informationen benötigt werden, um die am besten geeigneten Gestaltungs-Elemente zu ermitteln. Dazu bietet sich ein großer Tisch an, in dessen Mitte Sie die Listen der geforderten Qualitäten und die der bestehenden Elemente auslegen. Die Aufstellungen über Eigen- und Besonderheiten, Ressourcen und Begrenzungen des Standortes und Ihre eigenen Ressourcen und Begrenzungen sowie den Klima- und Bestandsplan legen Sie gut lesbar um die Qualitäten-Liste herum.

Die Kunst der Planung besteht darin, diejenigen Gestaltungs-Elemente zu finden, welche die geforderten Qualitäten abdecken und zugleich möglichst gut zu den individuellen Anforderungen und Rahmenbedingungen passen. Dies lässt sich zum einen über die Summe der Verbindungen herausfinden: Welches Element steht mit möglichst vielen Qualitäten, Ressourcen und Besonderheiten in Verbindung?

Als Einstieg können Sie zunächst die folgenden Fragen beantworten:

- Mit welchen Elementen lassen sich Begrenzungen in Ressourcen umwandeln?
- Mit welchen Elementen können gleichzeitig mehrere Qualitäten abgedeckt werden?

3.4
„Begrenzungen zu Ressourcen umwandeln“: In dieser Kräuterspirale werden Bauschutt und Reststeine „entsorgt“.

- Welche Elemente bieten sich aufgrund der Besonderheiten des Standortes und des Klimas an und decken einige Qualitäten ab?
- Welche Elemente passen gut zu den persönlichen Ressourcen/Begrenzungen und decken einige Qualitäten ab?

Wichtige Informationen zu den gängigsten Gestaltungs-Elementen für einen Permakultur-Garten finden Sie in Tabelle 3.1 (Seite 38 ff.), in Tabelle 3.2 (Seite 44) sind weitere mögliche Gestaltungs-Elemente (hier ohne Eigenschaften) aufgelistet. Und im Kapitel „Planungshilfen" findet sich eine Aufstellung des ungefähren Zeitaufwandes für die Bewirtschaftung verschiedener Permakultur-Elemente im Garten. Diese Listen sollten Sie bei der Vorauswahl bzw. Zusammenstellung der gewünschten Elemente zu Rate ziehen, da sie wichtige Entscheidungskriterien enthalten.

*„Hilfe, das finde ich gerade sehr verwirrend!"*
Falls die Vielfalt und Komplexität der Informationen Sie zunächst überfordert, ist das kein Problem. Permakultur-Systeme (und solche, die es werden wollen) sind nicht selten ziemlich komplex, so dass es einiger Arbeitsschritte und Hilfsmittel bedarf, um den Auswahlprozess aufzugliedern und zu begründeten Entscheidungen zu kommen.

Um die passendsten Elemente für Ihren Garten herauszufinden, bietet sich beispielsweise folgende Methode an: Aus der Liste der möglichen Gestaltungs-Elemente (Tabelle 3.1 und/oder Tabelle 3.2), die teilweise schon ein Maß an Multifunktionalität besitzen, schreiben Sie jeweils die Elemente auf ein Kärtchen, die Sie für Ihren Garten passend finden. Anschließend notieren Sie zu jedem Element auf dem jeweiligen Kärtchen, welche der geforderten Qualitäten es erfüllt und welchen Ihrer Ressourcen, Besonderheiten und Begrenzungen es gerecht wird. Die Elemente mit den meisten Nennungen kommen weiter. Gibt es bei den für Ihren Garten gewünschten Qualitäten solche, die durch die ausgewählten Elemente bzw. Kärtchen noch nicht abgedeckt sind, erstellen Sie weiter Kärtchen mit Elementen, die diese Qualitäten abdecken. Günstig ist es, immer zwei bis drei ähnliche Elemente in Betracht zu ziehen, um vergleichen zu können, was besser passt.

Egal, welche Methode der Auswahl Sie anwenden, am Ende sollte eine Liste der am besten geeigneten Gestaltungs-Elemente stehen. Und diese sollten die bereits vorhandenen Elemente im Garten möglichst gut ergänzen.

3.5
„Mehrere Qualitäten abdecken": Diese noch junge Esskastanie wird in Zukunft viele leckere Maronen liefern, vor Wind und Wetter schützen und einen schattigen Picknick-Platz schaffen.

| Element | Charakteristik | Vorteile | Nachteile |
|---|---|---|---|
| **Beerensträucher**<br> | Einzeln oder in Gruppen gepflanzte Sträucher wie Johannisbeere, Stachelbeere, Himbeere, Brombeere etc.<br>Meist nicht höher und breiter als ein Meter werdend.<br>Viele Sorten vorhanden, die sich hauptsächlich in Fruchtform/-farbe und Geschmack unterscheiden. | Sehr pflegeleichte Variante, um auf kleinem Raum einen hohen Ertrag an Früchten zu erzielen.<br>Schön zum Naschen nebenher und auch gut zur Herstellung von Fruchtaufstrichen.<br>Können einen kleinen Windschutz für Gemüsebeete bilden.<br>Lassen sich einfach durch Stecklinge vermehren. | Himbeeren und Brombeeren können Ausläufer bilden und evtl. wuchern.<br>Gedeihen die Sträucher gut, kommt man oft mit dem Ernten nicht hinterher; lassen Sie sich davon nicht unter Druck setzen, auch Vögel freuen sich über leckere Beeren. |
| **Blumenbeet**<br> | Kann sowohl als reine Zierfläche mit ein- und mehrjährigen Stauden angelegt werden, es lässt sich aber auch mit essbaren und anderweitig nutzbaren Kräutern und Blumen ein schönes Beet gestalten, das nicht mehr nur reine Zierfläche ist.<br>Je dichter ein solches Beet bepflanzt ist, desto weniger potenziellen Lebensraum gibt es für „Unkräuter" und desto weniger muss folglich gejätet werden. | Schön anzusehen und oft wertvoller Futterplatz für Bienen und andere Insekten.<br>Bei Verwendung entsprechender Pflanzen auch für Tees, Salben, Tinkturen, Öle, sowie zum Kochen und Würzen nutzbar. | Die meisten Blumenbeete haben lediglich eine optische Funktion und sind nicht bodendeckend bepflanzt, so dass sie viel Pflege und Aufmerksamkeit benötigen. |
| **Feuchtbiotop**<br> | Eine Stelle, an der sich regelmäßig Wasser sammelt und sich eine entsprechende Vegetation gebildet hat. Kann von einer kleinen Senke bis zu einer großen Wasserfläche reichen, hat jedoch im Gegensatz zum Gartenteich keine künstliche Dichtung und trocknet somit teilweise im Sommer aus. | Lebensraum für Tiere und Pflanzen feuchter Gefilde. Speichert Niederschläge und gibt sie langsam an das umliegende Erdreich und Grundwasser ab, bildet somit ein feuchteres Kleinklima im näheren Umkreis.<br>Keine Probleme mit Algen etc., da durch Versickerung und Niederschlag ein ständiger Wasseraustausch herrscht.<br>Kann bei großflächigen Anlagen Überschwemmungen verhindern und sich sehr positiv auf das Grundwasser auswirken. | Muss meist mit Maschinen angelegt werden.<br>Die oft stark variierenden Wasserstände sind gewöhnungsbedürftig.<br>Falls das Biotop im Sommer gänzlich austrocknet, können sich nicht alle Tierarten ansiedeln, die an einem Gartenteich heimisch werden. |
| **Frühbeet**<br> | Vorrichtung, um die Temperatur im zeitigen Frühjahr zu erhöhen. Meist ein Beet mit Abdeckung aus Glas oder Folie.<br>Durch das Einbringen organischer Masse kann die Boden-Temperatur zusätzlich erhöht werden (Wärme durch Verrottung). | Die Vegetationszeit wird verlängert, da man einige Wochen früher mit Aussaat und Pflanzung beginnen kann.<br>Spätfrostgefahr wird minimiert. | Erhöhter Aufwand für die Anlage, da Rahmen, Abdeckung und evtl. Einfassung gebaut werden müssen. Hierzu lassen sich auch vorhandene Dinge verwenden (z.B. alte Fenster und Türen). |

| Element | Charakteristik | Vorteile | Nachteile |
|---|---|---|---|
| **Gartenteich**  | Wasserfläche mit künstlich geschaffener Dichtung aus Folie, GFK, Tonplatten etc. Führt im Gegensatz zu einigen Feuchtbiotopen das ganze Jahr über Wasser. | Lebensraum für allerlei Tiere und Pflanzen. Lädt zum Ausruhen und Beobachten ein. Wasser kann zum Gießen verwendet werden. Speichert Niederschlagswasser und gibt es durch Verdunstung wieder ab. | Großer Aufwand für die Anlage. Nicht nur die Mulde muss erstellt werden, sondern auch die Dichtung gekauft und verlegt werden. Viele Dichtungen sind anfällig für Verletzungen (Löcher in der Folie etc.) |
| **Gemüsebeet**  | In der typischen Variante ein flaches Beet, mit offenem Boden zwischen den Gemüsepflanzen, meist in Reihen-Kultur angelegt | Übersichtlichste und „ordentlichste" Art des Gemüseanbaus. | Aber auch aufwändigste Art in der Bewirtschaftung. Es muss viel gegossen, gejätet und gedüngt werden. Daher möglichst nah an den ständigen Aufenthaltsbereichen im Garten positionieren. |
| **Wildgehölz-Hecke**  | Freiwachsende Hecke aus Wildgehölzen, die nur alle 5-15 Jahre geschnitten wird, dann aber recht stark (einzelne Triebe oder sogar die ganze Pflanze bodeneben absägen), um die Sträucher zu verjüngen. Viele verschiedene Pflanzen stehen hierfür zur Verfügung, die sich in Wuchshöhe, Standortansprüchen und Verwendbarkeit stark unterscheiden. | Idealer Windschutz und Lebensraum für viele Tiere: von Insekten und Vögeln bis hin zu kleineren Säugetieren und auch größeren Wildtieren. Erhöht Taubildung und Niederschlag in der Umgebung. Leicht anzulegen: entweder durch Nichtstun (Selbstaussaat) oder gezielter Pflanzung (Kostenpunkt teils unter 1 € pro Pflanze). Auch in der Pflege sehr sparsam (im ersten Sommer nach der Pflanzung etwas gießen, dann nur noch alle paar Jahre einige Schnitte). Vielseitig nutzbar: von essbaren Früchten bis hin zum Bauholz ist alles dabei. | Braucht ordentlich Platz im Garten. Die kleinsten Wildgehölze für eine Hecke erreichen ca. 2 m Höhe und Breite, die größten können bis zu 15 m hoch werden. Die Wuchshöhen der vorgesehenen Arten sollten daher bei der Planung sorgfältig bedacht werden. |
| **Hochbeet**  | Erhöhtes Beet mit klarer Eingrenzung, meist aus Holz oder Stein. Anbaufläche somit auf angenehmer Höhe, z.B. 70 cm. Hochbeete für Gemüse haben meist einen organischen Kern aus Schnittgut oder Strauchhäcksel. Hochbeete für mediterrane Kräuter sollten einen mineralischen Kern aus z.B. Kalkschotter haben. | Erhöhter Ertrag durch fruchtbaren und warmen Boden, Anbau unabhängig vom anstehenden Boden möglich (z.B. bei Kontaminierung), Beete können im Stehen bewirtschaftet werden, schnelle Erwärmung im Frühjahr | Erhöhter Feuchtigkeitsbedarf, sehr hoher Aufwand bei der Erstanlage, muss nach einiger Zeit neu angelegt werden (sofern mit organischem Kern gebaut wurde). |

| Element | Charakteristik | Vorteile | Nachteile |
|---|---|---|---|
| **Hügelbeet**  | Beet in Form eines länglichen Hügels mit organischem Kern aus Schnittgut, Baumstämmen, Laub, Kompost und/oder Mist. Die meist sinnvollste Ausrichtung ist von Süd nach Nord, da so das Licht ideal genutzt wird. | Unterschiedliche Kleinklimazonen auf einem Beet, Wärme durch den organischen Kern, vergrößerte Anbaufläche | Hoher Aufwand für die Erstanlage, Anlage muss nach einiger Zeit erneuert werden |
| **Hühnerhaltung**  | Artgerechte Haltung von Hühnern, auf Flächen im Freiland, mit geschützten Rückzugsmöglichkeiten (Hühnerstall). | Hühner können gut als multifunktionale Nutztiere im Garten gehalten werden und so z.B. die Gemüsebeete „umgraben", jäten und düngen oder Schädlinge im Zaum halten. | Allerdings brauchen sie eine ausreichend große Weide, da es sonst schnell zur Verdichtung, Verkargung und Überdüngung des Bodens kommt. Grundsätzlich sind Tierhaltungen zur Nahrungsmittelgewinnung wesentlich uneffektiver als Pflanzenkulturen und sollten daher bedacht eingesetzt werden, um positive Nebeneffekte zu fördern und negative Nebeneffekte zu minimieren. |
| **Kräuterspirale**  | Ein Kräuterbeet in Form einer Spirale, die zur Mitte hin immer höher wird. Der Kern wird aus Schotter oder Bauschutt aufgebaut und die Pflanzbereiche mit unterschiedlichen Substratmischungen befüllt. Je weiter oben, desto durchlässiger und magerer sollte der Boden sein, nach unten hin wird der Boden dann lehmig und feucht. | Viele verschieden Kräuter sind auf kleinem Raum möglich, optisch sehr ansprechend, Baureste lassen sich hierfür gut verwerten. | Ungeeignet, wenn eine größere Menge bestimmter Kräuter benötigt wird. |
| **Krater-Beet**  | Eine Mulde, Senke oder auch größere Vertiefung in der Erde, die als Beet genutzt wird. Manchmal nur 50 cm breit, 30 cm tief und mit nur einer Pflanze bewachsen, manchmal aber auch über 10 Meter im Durchmesser und mit verschiedenen Beeten gestaltet. | Geschützte Beete bei windigen Standorten, Oberflächenwasser kann dort hinein geleitet werden, es entstehen unterschiedliche Kleinklimazonen, vergrößerte Anbaufläche | Hoher Aufwand für die Erstanlage, die Fläche wird in der Gesamtheit meist schattiger, als sie vorher war (kann auch ein Vorteil sein) |

| Element | Charakteristik | Vorteile | Nachteile |
|---|---|---|---|
| **Lehm-Ofen**  | Holzofen, aus Lehm gebaut, meist auf einer Erhöhung, um ihn bequem im Stehen oder Sitzen zu bedienen. In der Regel gibt es nur einen Raum, in dem erst ein Feuer entzündet und dann gebacken wird, sobald der Ofen heiß ist. In vielen Regionen kann lehmiger Boden zum Bau genutzt werden. Teilweise muss der Lehm etwas mit Sand abgemagert werden (Faustregel: so sandig wie möglich, so lange man in feuchtem Zustand noch faustgroße Bälle formen kann). | Kann kostenfrei gebaut werden, wenn geeigneter Lehm vor Ort ansteht; unterschiedliche Ofen-Größen für Pizza oder Brot möglich | Muss regengeschützt aufgestellt werden. |
| **Mulch-Beet mit Heu**  | Zur Erstanlage wird die bestehende Wiese einfach mit 80 cm Heu abgedeckt, am besten vom Mähen der umliegenden Wiese. Im nächsten Frühjahr ist der Boden pflanzbereit, die Grasnarbe hat sich zurückgezogen und das Heu ist größtenteils verrottet. Zweimal pro Jahr wird das Beet nun mit 20 cm Heu nachgemulcht, so dass der Boden immer bedeckt ist. Aufkommendes Gras und Wildkräuter werden hierbei umgeknickt und abgedeckt. | Sehr wenig Aufwand zur Erstanlage und Bewirtschaftung, kein Umgraben und Jäten nötig, bei richtiger Bewirtschaftung auch kein Gießen nötig, Düngung wird durch ständige Verrottung des Heus übernommen | Erwärmt sich etwas langsamer im Frühjahr, eher für größere Pflanzen wie Kürbis und Zucchini geeignet, in den Anfangsjahren vermehrt Schnecken (haben die Funktion, die viele Biomasse umzuwandeln) |
| **Obstbäume**  | Gezüchtete Sorten verschiedener fruchttragender Bäume (Apfel, Birne, Zwetschge, Kirsche, Quitte usw.), Sorten können sich stark in Früchten, Verwendung und Standortansprüchen unterscheiden, Obstbäume können sehr förderlich in Gärten eingebunden werden, wenn man deren Nebeneffekte wie Schattenwurf, Niederschlagsverteilung, Laubfall etc. zu nutzen weiß. | Liefern meist mehr Früchte als man essen kann. Verarbeitung zu Mus oder Saft hilft hier weiter. Wertvoller Lebensraum (Streuobstwiesen sind mit bis zu 5.000 verschiedenen Arten die artenreichsten Lebensräume in Mitteleuropa). Holen, wie alle Bäume, mineralische Nährstoffe aus der Tiefe und wandeln sie in Biomasse um, die genutzt werden kann (z.B. Laub als Mulch). Mäßigen das Klima und können darunterliegende Kulturen vor Hagelschlag schützen. | Müssen alle paar Jahre geschnitten werden, da die gezüchteten Sorten sonst schnell vergreisen und nur halb so alt werden, wie sie mit bedachten Schnittmaßnahmen werden können (Ausnahme: Süßkirsche). Brauchen 5 - 10 m Platz im Durchmesser. |
| **Sitzplatz**  | Kleine Fläche oder ein Objekt auf dem gesessen werden kann. Begibt man sich oft dort hin, können aufwändige Kulturen entlang des Weges angeordnet werden. | Möglichkeit zur Ruhe, Entspannung und Beobachtung im Garten. Herstellung aus unterschiedlichsten Materialien möglich (Baumstumpf, Stammstück, großer Stein, Heuballen usw.) | Kann bei Nichtbenutzung zu Stress führen! |

| Element | Charakteristik | Vorteile | Nachteile |
|---|---|---|---|
| **Terrasse**<br> | Große ebene Fläche, meist direkt am Haus und mit Sitzplätzen ausgestattet. Der wohl beliebteste Aufenthaltsbereich im Garten. Dementsprechend: aufwändige Kulturen an die Terrasse. | Kann aus Holz, Steinen oder auch nur Kies gebaut werden. Ordentliche und leicht zu pflegende Fläche im Garten. | Terrassen sind meist recht große und unproduktive Flächen, da sie nur zum Aufenthalt verwendet werden. Überlegen Sie sich genau, wie groß die Terrasse wirklich sein muss, wie sie evtl. noch genutzt werden könnte und welche Elemente sinnvoll daran anschließen sollten. |
| **Wald-Zone**<br> | Bereich mit großen Bäumen, schattenverträglichen Gehölzen darunter und meist krautiger Vegetation am Boden.<br>Immer noch der beste Mäßiger des Klimas, der auch als essbarer Wald aus Nuss- Obst- und Wild-Bäumen und -Sträuchern angelegt werden kann. Hierbei müssen jedoch gut die benötigten Lichtverhältnisse berücksichtigt werden (klassisches Obst nur am Südrand oder in Lichtungen). | Mäßigt das Klima in allen Bereichen: bremst Wind, speichert Wasser, kühlt und befeuchtet die Luft, sorgt für regelmäßigere und gleichmäßigere Niederschläge, beschattet den Boden, wirkt positiv auf das Grundwasser.<br>Produziert Brenn-, Bau- und Wert-Holz, sowie essbare und verwertbare Erträge.<br>Wertvoller Lebens- und Erholungsraum.<br>Das einzige Ökosystem an Land, das sich komplett ohne Pflege selbst erhält. | Braucht viel Platz, daher nur schwer im Hausgarten umsetzbar, wenn auch nicht unmöglich. |
| **Wärmefalle**<br> | Konzept aus meist vier verschiedenen Elementen: Anbaufläche, Wasserfläche, Hecke und Steinbiotop.<br>Die Wasserfläche liegt südlich der Anbaufläche und reflektiert die Sonneneinstrahlung, in West, Nord und Ost wird die Anbaufläche von einer Windschutzhecke eingerahmt, welche die Wärme auf der Anbaufläche hält. Die Steine sind z.B. zu Haufen oder Mauern aufgeschichtet u. tragen die Wärme in die Nacht hinein. | Erhöht die Jahres-Durchschnittstemperatur auf der Anbaufläche. Verschiedene Elemente lassen sich so sinnvoll zu einer Einheit verbinden. | In warmen Regionen überflüssig |
| **Rasen**<br> | Kurzgemähte Fläche aus verschiedenen Gräsern, selten mit Wildblumen dazwischen. | Toll auf Golf- und Fußballplätzen. Im Garten nur als Spielfläche für Kinder zu gebrauchen.<br>Gelegentlich können sinnvolle Kompromisse gefunden werden, z.B. ein extensiver Rasen mit Wild-Blumen und -Kräutern dazwischen oder ein gemähter Rasen-Weg durch eine Wiese hindurch. | Die mit Abstand pflegeaufwändigste und unproduktivste Fläche im Hausgarten.<br>Input: mähen, düngen, Unkraut stechen, vertikutieren, wässern, kalken, sanden, nachplanieren usw.<br>Output: begehbar |

| Element | Charakteristik | Vorteile | Nachteile |
|---|---|---|---|
| **Wiese**  | Fläche aus verschiedenen Gräsern, Wild-Kräutern und –Blumen, die nur 1-3 Mal pro Jahr gemäht wird. | Wesentlich pflegeleichter und produktiver als Rasen (Lebensraum, essbar und verwertbar), wenig bis kein Aufwand zur Erstanlage nötig. | Bis zu einen Meter hoch, dadurch sind evtl. regelmäßig gemähte Durchgangswege nötig, lässt sich nur mit Sense, Balken- oder Wiesenmäher mähen. |
| **Wildnis-Zone**  | Bereich, in dem der Mensch außer zuschauen nichts macht | Lässt Beobachtungen zu, was die Natur aus unberührten Flächen macht und vor allem, wie sie es macht. Das kann sehr lehrreich sein. | Wird in Mitteleuropa letztendlich eigentlich immer zu einem Mischwald, der unproduktiver ist als z.B. ein „Wald" aus Obstbäumen oder Fruchtgehölzen |

Tabelle 3.1: Gängige Gestaltungselemente für Permakultur-Gärten

3.6
„Elemente aufgrund der Besonderheiten": Ein steiler Hang lässt sich wunderbar in eine praktische Anlage aus Hochbeeten verwandeln.

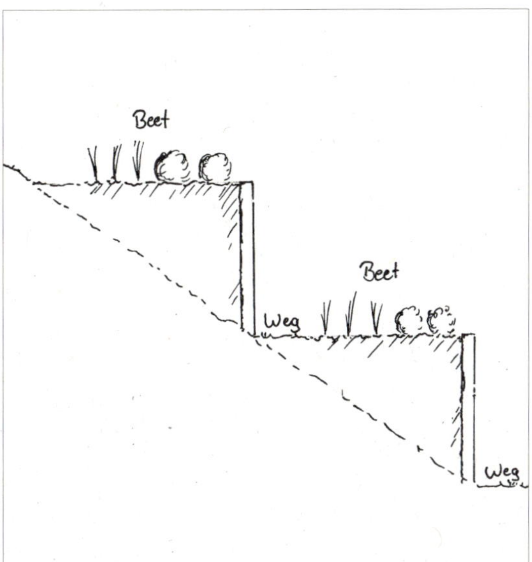


3.7
„Elemente, die zu Ressourcen und Begrenzungen passen": Heu-Mulch-Beete müssen bei richtiger Anlage weder gegossen noch umgegraben werden. Und auch die Versorgung mit Nährstoffen erfolgt durch die Zersetzung des Heus – ideal also für Leute mit wenig Zeit.

| Weitere mögliche Gestaltungselemente | | |
|---|---|---|
| • Obstbaum<br>• Nussbaum<br>• Zierbaum<br>• Essbare Wildgehölz-Hecke<br>• Wildgehölz-Hecke für Vögel und Bienen<br>• Spalierobst<br>• Beerenobst<br>• Essbare Groß-Sträucher<br>• Waldstück aus Bäumen mit essbaren Früchten<br>• Ziersträucher<br>• Schnell wachsende Pioniergehölze<br>• Weideniglu<br>• Heckenlabyrinth | • Hochbeete<br>• Hügelbeete<br>• Flache Beete<br>• Mulch-Beete<br>• Frühbeet<br>• Sumpfbeet<br>• Moorbeet<br>• Kraterbeet<br>• Komposthaufen<br>• Wasserspeicher<br>• Gewächshaus<br>• Essbare Kletterpflanzen<br>• Essbare Bodendecker<br>• Wildkräuter<br>• Kräuterbeet<br>• Pergola mit Kletterpflanzen | • Wiesen-Weg<br>• Kleiner befestigter Weg<br>• Größerer befestigter Weg für Schubkarre<br>• Kleiner Sitzplatz<br>• Große Terrasse<br>• Spielgeräte<br>• Werkzeugschuppen<br>• Feuerstelle<br>• Grillplatz<br>• Lehmofen<br>• Gartenzaun<br>• Trockenstein-Mauer<br>• Gartenteich<br>• Feuchtbiotop ohne Folie<br>• Holzlager |

Tabelle 3.2: Weitere mögliche Gestaltungs-Elemente: Lassen Sie sich von dieser Liste nicht einengen, sondern inspirieren. Überlegen Sie auch, wie man bestimmte Dinge abändern könnte, damit sie weitere, von Ihnen gewünschte Funktionen erfüllen.

Frau Steckling hat als erstes geprüft, welche Qualitäten von den bereits vorhandenen Elementen abgedeckt werden:

- Nutzer/Bewirtschafter (bei Anlage und Erhaltung nachhaltig und sozialverträglich vorgehen, den Garten gemeinsam und in klaren Grenzen bewirtschaften)
- Alter Apfelbaum (Schatten, naschen, schön, bekletterbar)
- Sandkasten (spielen)
- Junge Obstgehölze (naschen, ess- und verwertbar, später Schatten)
- Gewächshaus (für essbare Produkte durch Vorziehen Grundlage für Gemüsebeete)
- Terrasse am Haus (Ruhe und Erholung, Beobachtungsplatz)

Anschließend hat sie die gesammelten Informationen auf ihrem Tisch angeschaut und versucht, diese durch Gestaltungs-Elemente miteinander zu verbinden. Das Ergebnis ihrer Überlegungen und die Elemente, auf die sie gekommen ist, sind in Tabelle 3.3 zusammengestellt.

Frau Steckling ist stolz auf die vielen guten Ideen, die ihr durch das Verknüpfen der diversen Listen gekommen sind, und bemerkt beim Durchgehen der Listen, dass bereits alle Qualitäten mindestens einfach, meistens sogar mehrfach abgedeckt sind. Durch Berücksichtigung der konkreten Gegebenheiten des Grundstückes konnten auch schon sehr viele Details geklärt werden. Daher sind die nächsten beiden Schritte für Frau Steckling fast überflüssig.

Gerade, wenn Sie ein neues Grundstück haben, auf dem noch kaum etwas vorhanden ist, muss Ihre Liste der Gestaltungs-Elemente bei weitem nicht so detailliert sein. Für den ersten Arbeitsschritt der Auswahl genügt es, wenn Sie alle Elemente ermitteln konnten, mit denen die Qualitäten sinnvoll gedeckt werden können. Die weiteren Details klären wir in den nächsten Schritten.

| Neue Gestaltungs-Elemente | Verbindung der vorhandenen Informationen |
|---|---|
| Pergola auf den noch intakten Fundamenten des alten Gartenhauses bauen und mit blühenden Kletterpflanzen beranken lassen | Das verbindet die Begrenzung „altes Gartenhaus nimmt Platz weg und sieht furchtbar aus" mit den Qualitäten „Schatten im Sommer", „Raum für Ruhe und Erholung", „Bereich des alten Gartenhauses schöner gestalten", „Unterstützung der Artenvielfalt" und „Nachhaltigkeit" |
| Terrassen-Beete in den Hang des steilen Gartenbereiches bauen und darauf extensiv Gemüse anbauen. Die Wildkräuter-Wiese dort erhalten und nur 2 Mal im Jahr mähen, das Heu zur Beetabdeckung verwenden | Das verbindet die Begrenzung „der eine Gartenteil ist sehr steil" mit der Besonderheit „Nachbarin pflückt Wildkräuter" und den Qualitäten „eigenes Gemüse aber pflegeleicht", „den steilen Bereich besser nutzen", „essbar" und „sozialverträglich", da die Nachbarin (trotz Garten-Umgestaltung) weiterhin Wildkräuter ernten kann. Auch kommt es der Besonderheit „oft recht kühl im Sommer" durch den Anbau am Südhang entgegen. |
| Vorhandene Wassersenke etwas tiefer ausgraben, gut verdichten und das nahe gelegene Regen-Fallrohr in die Senke leiten. So ist wahrscheinlich auch im Sommer noch Wasser darin | Das verbindet die Besonderheit „Senke, in der sich Wasser sammelt" mit den Qualitäten „Abkühlung im Sommer", „Beobachtungsmöglichkeiten", „Unterstützung der Artenvielfalt", „multifunktional" und „als Ökosystem". |
| An der südlichen Hauswand einen intensiven Nutzstreifen aus Spalierobst, Kiwi am Haus und mediterranen Kräutern anlegen | Das verbindet die Begrenzung „auf der sonnigen Hausseite ist nur sehr wenig Platz" mit den Qualitäten „Schönes auch direkt an den Hauswänden", „essbar" und „frische Küchen-Kräuter". |
| Alte Hainbuchenhecke im nördlichen Bereich etwas auslichten und so zu einem Kletter-Parcours umgestalten. Den südlichen Heckenabschnitt fällen, mit dem Schnittgut eine Totholz-Hecke anlegen und unterschiedliche essbare Großsträucher pflanzen | Das verbindet die Begrenzung „Hainbuchenhecke nimmt viel Licht weg und sieht nicht mehr schön aus" mit den Qualitäten „klettern und spielen", „Naschereien", „Rohstoffe zum Basteln", „essbar", „Unterstützung der Artenvielfalt" und „als Ökosystem". Außerdem ist der spätere Pflegeaufwand geringer, da die Hecke nicht mehr jährlich, sondern nur noch alle 10 Jahre geschnitten werden muss. Durch den Windschutz wird auch der intensive Nutzstreifen südlich des Hauses begünstigt. |
| Ein paar Hühner, die ihren Schlafplatz abgetrennt im Gewächshaus und ihren Auslauf mal im einen, mal im anderen Gemüsebeet haben | Das deckt zum einen die Qualität „Tiere zum Streicheln und Liebhaben mit weiteren Erträgen" ab und erleichtert auch die Bewirtschaftung der Gemüsebeete, da der Hühnerauslauf so gelegt werden kann, dass diese die abgeernteten Beete säubern, umgraben, mit ihrem Kot düngen und eventuelle Schädlinge verspeisen. Auch wird die nächtliche Temperatur im Gewächshaus durch die Hühner eventuell leicht erhöht. |
| An der alten niedrigen Betonmauer einen schmalen Holzsteg anbringen | Das macht das alte Mäuerchen zu einer Ressource und ermöglicht so einen sehr schönen und kostengünstigen Verbindungsweg zwischen Haus und östlichem Gartenbereich. |
| Einen einfachen Schotterweg mit Einfassung aus Rest-Pflastersteinen anlegen | Kostengünstige Variante, um einen Rundweg durch den Garten zu schaffen und so bei jedem Wetter gut durchlaufen zu können (bei dem einen Baumarkt werden auch immer Rest-Pflastersteine angeboten). |
| Kleiner Sitz- und Beobachtungsplatz unter dem Apfelbaum | Berücksichtigt die Besonderheit, dass ich mich gerne dort aufhalte, und deckt die Qualitäten „Schatten im Sommer", „Raum für Ruhe und Erholung" und „Beobachtungsplätze" ab. |
| Wiesenflächen | Die jetzigen Rasenflächen, die nicht durch neue Elemente entfallen, sollen in bunte Wiesenflächen umgewandelt werden. Auch hier nur 2 Mal pro Jahr mähen und das Heu für die Beete verwenden (pflegeleicht, ökologisch und multifunktional). |

Tabelle 3.3: Neue Gestaltungselemente für den Garten von Familie Steckling

## Größe und Anordnung der Gestaltungs-Elemente

Die grundsätzlichen Gestaltungs-Elemente sind nun festgelegt, allerdings noch nicht deren Größe sowie ihre Lage und Anordnung im Garten. Zunächst legen wir fest, welchen Umfang jedes Element haben muss, um die jeweiligen Qualitäten angemessen erfüllen zu können. Anschließend widmen wir uns der Form und Platzierung der Elemente.

### Größen festlegen

Dies ist ein relativ einfacher Arbeitsgang. Überlegen Sie zu jedem Element, wie groß es sein muss, um die gewünschten Anforderungen erfüllen zu können. Hierzu können Sie wieder eine Liste anfertigen. Links stehen die Gestaltungs-Elemente und rechts die benötigte Größe. Die Maßeinheit ist hierbei natürlich nicht immer die gleiche. Bei Beeten bieten sich Quadratmeter an, bei Bäumen und größeren Gehölzen Stückzahlen und bei Wegen und Plätzen die Längen und Breiten.

Die Größen der Elemente, die Familie Steckling für ihren Garten gefunden und bestimmt hat, sind in Tabelle 3.4 zusammengestellt.

### Gegenseitige Förderung der Elemente

Im nun folgenden Schritt geht es darum, die Anordnung der Elemente im Garten so zu optimieren, dass sie sich gegenseitig bestmöglich fördern. Auch die später notwendigen Arbeiten zur Pflege und Erhaltung der Gartenanlage werden durch diese Entscheidungen mit beeinflusst. Für die Entscheidungsfindung steht uns eine schöne visuelle Methode zur Verfügung:

Erstellen Sie aus Papier oder dünnem Karton (gerne auch farbig) von jedem neuen Gestaltungs-Element eine Draufsicht im Maßstab Ihres Bestandplanes. Tun Sie das auch für die bereits vorhandenen Elemente, die noch beweglich sind. Diese decken Sie dann mit weißem Papier auf Ihrem Klima- und Bestandplan ab. Bei Elementen, die keine greifbare Form haben, wie beispielsweise zwischenliegende Wiesen-Stücke, erstellen Sie einfach ein ovales Kärtchen. Auch für die Bewirtschafter legen Sie ein solches Modell an.

Anschließend erstellen Sie zu jedem Element zwei kleine Listen, u.z. erstens: Was benötigt das Element, um gut zu existieren? Und zweitens: Was sondert dieses Element ab, das andere Elemente

Tabelle 3.4: Größen der neuen Gestaltungselemente bei Familie Steckling

| Gestaltungs-Elemente | benötigter Umfang bzw. benötigte Fläche |
|---|---|
| • Nutzer/Bewirtschafter | vier vorhanden |
| • Alter Apfelbaum | einer vorhanden |
| • Sandkasten | 1,5 x 1,5 m groß, vorhanden |
| • Junge Obstgehölze | 3 Bäume und 7 Sträucher vorhanden |
| • Gewächshaus | 2 x 4 m groß, vorhanden |
| • Terrasse am Haus | 3 x 2 m, vorhanden |
| • Pergola | 2 x 3 m, ergibt sich durch vorhandene Fundamente |
| • Terrassen-Beete am Hang | 3 Stück mit je 1 x 2m |
| • Feuchtbiotop | ca. 4 m im Durchmesser |
| • Intensiver Nutzstreifen am Haus | 2 x 8 m, ergibt sich durch vorhandenen Platz |
| • Kletter-Parcours in Hainbuchen-Hecke | 9 m Gesamtlänge, ca. 2 m Breite |
| • Totholz-Hecke mit Groß-Sträuchern | 8 m Totholz-Hecke mit 15 Sträuchern |
| • Hühner, Schlafplatz und Auslauf | 4 Hühner, 2 m² Schlafplatz und ca. 20 m² Auslauf, zusätzlich zu dem Beet |
| • Gemüsebeet bei den Hühnern | 10 m² |
| • Holzsteg an Mäuerchen | 50 cm breit und 15 m lang |
| • Sitzplatz unter Apfelbaum | 2 m Durchmesser |
| • Wiesenflächen | verbleibende Flächen, ca. 120 m² |

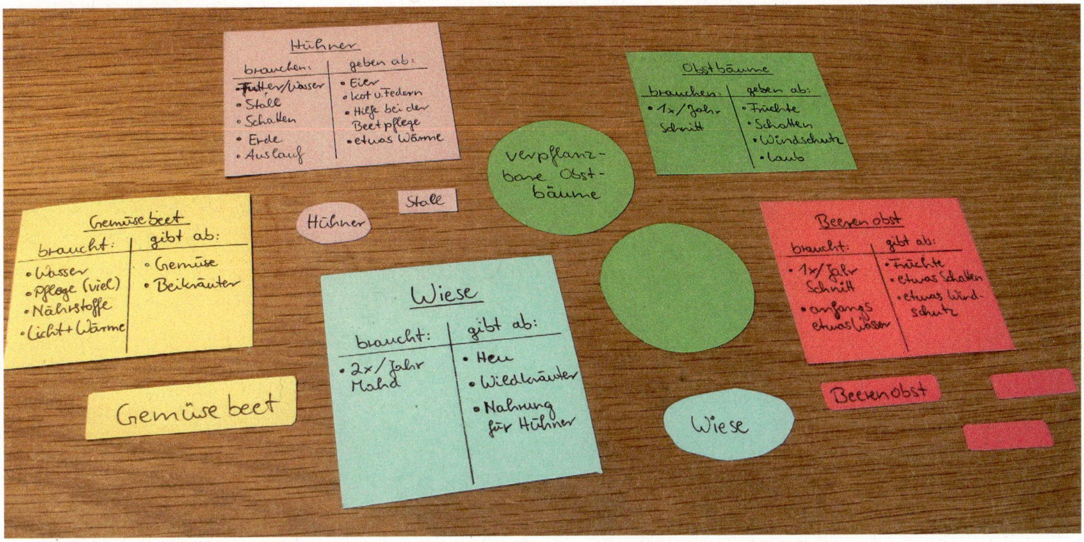


3.8: Gebastelte Elemente im passenden Maßstab, mit Kärtchen der Inputs und Outputs.

nutzen könnten? Falls der Platz ausreicht, können Sie diese Informationen direkt auf das gebastelte Papier-Element schreiben. Sie können aber auch ein extra Kärtchen anlegen und dazulegen. Wer sich noch mehr Mühe machen will, kann aus Draht und Papier kleine Fähnchen basteln, die zu dem jeweiligen Element gesetzt werden, das macht die Sache noch übersichtlicher.

Nun beginnt das Spiel: Der Klima- und Bestandsplan ist das Spielbrett, die maßstäblichen Elemente in der Draufsicht sind die Spielfiguren. Versuchen Sie die Elemente im Plan nach folgenden Kriterien anzuordnen:

- Die Bedürfnisse jedes Elementes sollen gedeckt werden.
- Dies soll möglichst selbsttätig geschehen.
- Absonderungen von Elementen sollen von anderen genutzt werden.
- Auch dies soll möglichst selbsttätig geschehen.
- Je mehr Aufmerksamkeit ein Element benötigt, desto näher soll es an täglich begangenen Wegen und Plätzen der Bewirtschafter liegen.
- Die Elemente sollen zudem in sinnvoller Reihenfolge an den Routen der Bewirtschafter liegen (z.B. erst das Wasserfass mit Gießkanne, dann das Gemüsebeet).

Sie werden die Elemente wohl einige Male hin und her schieben müssen, bis Sie eine optimale Anordnung gefunden haben. Falls Ihnen dabei auffällt, dass der Garten mit einem zusätzlichen Element noch besser funktionieren würde, fügen Sie dieses hinzu, solange der Platz im Garten es zulässt. Am Ende soll ein gut funktionierendes, stabiles und pflegeleichtes Garten-Konzept stehen.

3.9: Mögliche Variante mit Fähnchen

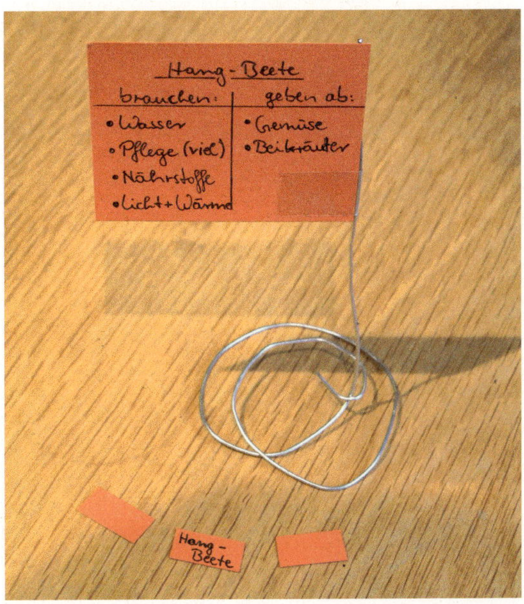

| | Natürliche Einflüsse nutzen |
|---|---|
| **Einfluss** | **Auswirkung bzw. Nutzungsmöglichkeit** |
| **Schwerkraft** | • Früchte fallen von selbst in Bereiche, in denen sie benötigt werden. Beispielsweise Fallobst als Nahrung im Hühnergehege;<br>• Wasser fließt ohne Energie-Aufwand zu tiefer gelegenen Beeten |
| **Wind** | • Trägt Blätter im Herbst an eine Ecke im Garten, in der ein Mulch-Beet angelegt wurde<br>• Transportiert Luftfeuchtigkeit aus einer lockeren Hecke auf die leeseitig gelegenen Kulturen |
| **Niederschlag** | • Durchdachte Speicherung und Verteilung im Garten, macht unabhängig von Leitungswasser und spart Kosten<br>• Kann genutzt werden, um organische Feinanteile in ein Krater-Beet zu transportieren und dort die Fruchtbarkeit zu erhöhen |
| **Sonne** | • Wärme kann von Steinen und Wänden gespeichert werden und nachts die Temperatur erhöhen<br>• Kann von Wasserflächen reflektiert werden und die Einstrahlung auf bestimmte Bereiche erhöhen |
| **Vögel und Nützlinge** | • Stellt man geeignete Räume bereit, siedeln sich Vögel und Nützlinge schnell an und führen biologische Pflanzenschutz-Maßnahmen sowie Bestäubung durch. |
| **Sukzession (zeitliche Abfolge von Lebensgemeinschaften)** | • Gräser, Wildblumen, Wildkräuter und Wildgehölze vermehren sich von allein, auch über größere Entfernungen. Wer etwas Zeit hat, kann dies nutzen, um ohne weiteres Zutun, Wiesen und Wildgehölz-Hecken anzulegen bzw. von der Natur anlegen zu lassen. Auch Mischwälder können so entstehen, was aber wohl nur für größere Grundstücke Sinn macht. |

Tabelle 3.5: Natürliche Einflüsse und Möglichkeiten zu deren Nutzung

3.10: Frau Stecklings Klimaplan mit den gebastelten Elementen daneben

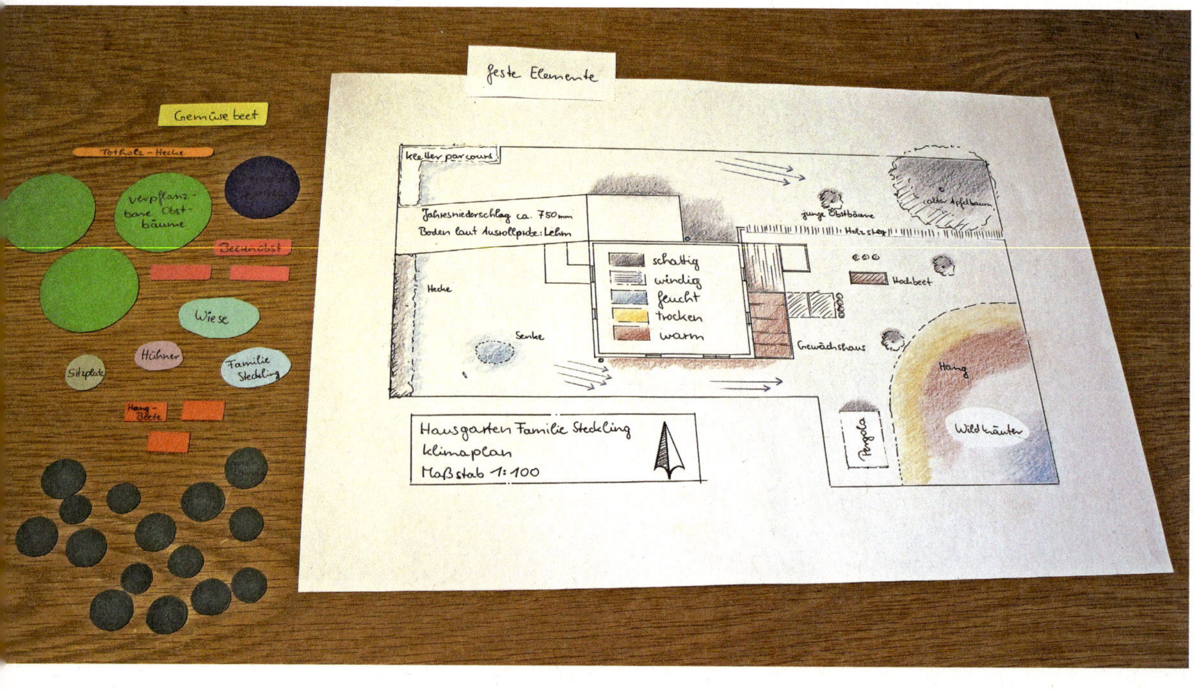

## Natürliche Einflüsse nutzen

Berücksichtigen Sie bei der Anordnung der Elemente in Ihrem Garten auch natürliche Einflüsse und nutzen Sie diese. Die Aufstellung der Einflüsse und ihrer Nutzungsmöglichkeiten in Tabelle 3.5 kann dazu Anregungen geben.

In Familie Stecklings Garten hat sich die Anordnung der meisten Elemente schon durch das Einfügen in Bestehendes ergeben. Trotzdem hat auch Frau Steckling fleißig gebastelt und die Anordnungen noch einmal überprüft. Dabei konnte sie noch einige praktische Details hinzufügen.

# Art der Gestaltungs-Elemente festlegen

Da die Elemente an sich sowie ihre Größe und Anordnung feststehen, können wir uns nun den Details widmen, beispielsweise, welche Pflanzenarten und -sorten für die jeweiligen Elemente verwendet werden sollen oder wie ein Element im Detail aufgebaut sein muss, um die gewünschten Funktionen bestmöglich zu erfüllen. Auch die Materialien, aus denen Wege, Plätze, Mauern, Beete, Wasserspeicher und andere Bauwerke angefertigt werden, legen wir in diesem Schritt fest.

## Standort, Eigenheiten, Ressourcen und Begrenzungen berücksichtigen

Als Grundlage dienen die Liste der Besonderheiten, Ressourcen und Begrenzungen des Standortes, die Liste der eigenen Ressourcen und Begrenzungen sowie der Klimaplan mit der Anordnung der Elemente. Zusätzlich können Sie die im folgenden Kapitel zusammengestellten tabellarischen Planungshilfen zur Hand nehmen.

3.11: Frau Stecklings fertiger „Spielplan“

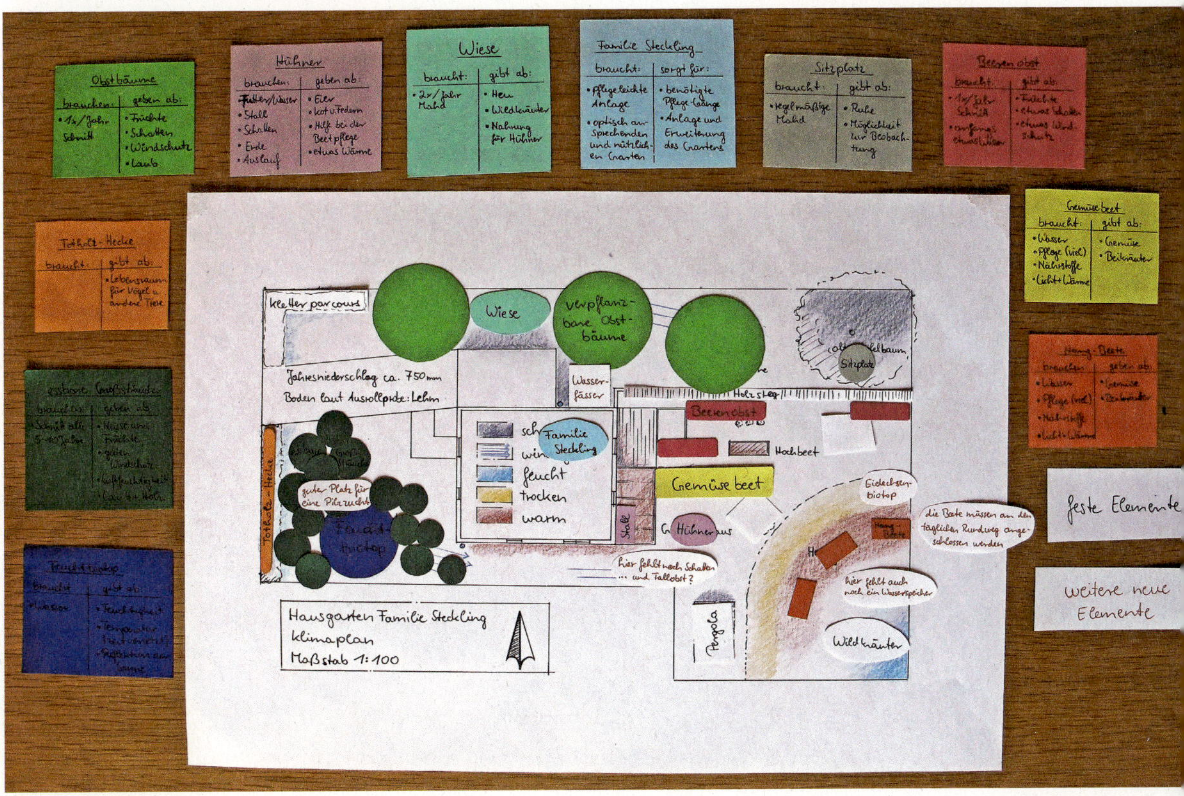

Nacheinander gehen Sie nun jedes Gestaltungs-Element durch, das neu erstellt oder umgestaltet werden soll, und klären folgende Punkte:

- Welche Pflanzen passen am besten zu Standort und Funktion des Elementes? Berücksichtigen Sie dabei auch Ihre Erkenntnisse aus den Bodenproben. Informationen zu den jeweiligen Ansprüchen der Pflanzen finden Sie z.B. in Baumschulkatalogen.
- Aus welchen vorhandenen oder leicht zu beschaffenden Ressourcen kann das Element erstellt werden?
- Können Besonderheiten oder sogar Begrenzungen bei der Anlage des Elementes behilflich sein?
- Welche Details müssen erfüllt werden, um die Funktion des Elementes zu gewährleisten?
- Müssen Details angepasst werden, um die persönlichen Ressourcen nicht zu sprengen?

Am übersichtlichsten ist es wohl, hierzu wieder eine Tabelle anzulegen. In der linken Spalte stehen die jeweiligen Elemente und rechts daneben die dazugehörigen Details.

Die Details der Elemente von Familie Steckling sind in Tabelle 3.6 zusammengestellt.

## Aufstellung der benötigten Mittel und Kosten

Um den Überblick über die anfallenden Kosten und Aufwendungen für die Gestaltung Ihrer Gartenanlage zu behalten, empfehle ich, eine detaillierte Aufstellung aller benötigten Materialien, Pflanzen und ggf. Maschinen anzufertigen. So können Sie nochmals kontrollieren, wie gut Sie mit den verfügbaren Ressourcen zurechtkommen.

Familie Steckling muss folgende Dinge für die Gartenanlage auf ihrem 450 m² großen Grundstück besorgen:

| | |
|---|---|
| • Lärchenholz für Pergola | ca. 200 € |
| • 4x Heckenkirsche *(Lonicera)* f. Pergola | ca. 20 € |
| • 6x Schneeball *(Viburnum)* f.Schallschutz | ca. 60 € |
| • 0,5 to Zierkies für Pergola | ca. 25 € |
| • Je 1x Spalier-Apfel und -Birne | ca. 70 € |
| • 1x Kiwi am Haus | ca. 8 € |
| • Holz und Schrauben für Klettergerüst | ca. 100 € |
| • Noch ein paar Kräuter am Haus | ca. 20 € |
| • 15 Gehölze für essbare Hecke | ca. 120 € |
| • Transport der Hühner | ca. 30 € |
| • Holz für Zaun und Stall | ca. 70 € |
| • Zäune für Hühner | ca. 40 € |
| • Lärchenholz u. Schrauben für den Steg | ca. 170 € |
| • Schotter und Steine für Wege | ca. 50 € |
| • Seerose | ca. 5 € |
| • 4 gebrauchte Wasserfässer | ca. 40 € |
| • Schlauch für Wasserverteilung | ca. 20 € |
| • Shitake-Pilzbrut | ca. 5 € |
| **Summe** | **1.053 €** |

So kommt Frau Steckling auf insgesamt gut 1.000 € für die Anlage des neuen Gartens. Das ist gerade einmal die Hälfte von dem, was sie eingeplant hatte. Das verbleibende Budget will sie aber vorerst für nette Details bereithalten, die ihr vielleicht noch während der Umsetzung einfallen.

| Gestaltungs-Elemente | Details |
|---|---|
| **Junge vorhandene Obstgehölze** | Sollen anders angeordnet werden und dabei am neuen Standort mit gemulchten Baumscheiben versehen werden. |
| **Pergola** | Fundamente bereits vorhanden.<br>Lärchenholz bekommen wir günstig von dem Sägewerk im Nachbarort.<br>Unser Zimmermanns-Nachbar hat angeboten, beim Aufbau zu helfen.<br>Als Kletterpflanzen nehmen wir *Lonicera tellmanniana* (Gold-Geißschlinge).<br>Den Boden mit dem vorhandenen Ziegel- und Betonbruch etwas befestigen und 5 cm Zierkies als obere Schicht aufbringen.<br>An der einen Seite wird eine Hecke aus *Viburnum rhytidophyllum* (runzelblättriger Schneeball) als Schallschutz gepflanzt. |
| **Terrassen-Beete am Hang** | Dafür werden die vorhandenen Bruchsteine der abgerissenen Wand genutzt.<br>Aufgefüllt mit dem Schnittgut vom letzten Herbstschnitt, der Erde vom Teichaushub und dem reifen Komposthaufen. |
| **Vorhandene Wassersenke in Feuchtbiotop verwandeln** | Aushub zu den Terrassen-Beeten.<br>Verdichten durch Schlamm-Schlacht bei Tims Kinder-Geburtstag (durch die vielen Füße wird der Lehm festgetreten und die Kapillaren zugeschmiert). Bitte Gummistiefel und Matsch-Hose mitbringen!<br>Vom Bau ist noch ein langes KG-Rohr vorhanden, um das Regenwasser in die Senke zu leiten. |
| **Nutzstreifen an südlicher Hauswand** | Ein Spalier-Apfel und eine Spalier-Birne.<br>Eine Kiwi (die robuste *Actinidia arguta*).<br>Rankgerüste aus Latten vom Sägewerk.<br>Für die mediterranen Kräuter den Bauschutt aus Beton- und Ziegelbruchstücken in die Erde einarbeiten.<br>Einige Ableger von Kräutern schenkt uns die Nachbarin, den Rest besorgt mein Mann im Gartencenter. |
| **Kletter-Parcours und Hecke mit essbaren Früchten** | Schnittgut von Hainbuchen-Hecke zu einer Totholz-Hecke aufschichten<br>3 x Felsenbirne, 2x Kornelkirsche, 4 x Aronie, 3 x Holunder und 3 x Haselnuss pflanzen |
| **Hühnerstall mit Ausläufen** | Die 4 flauschigen Seidenhühner bekommen wir von einer Bekanntschaft über die deutschsprachige Permakultur-Mailingliste.<br>Schlafplatz und Abtrennung im Gewächshaus werden mit Holz vom Sägewerk und aus Maschendraht-Zaun gebaut, ebenso die Eingrenzung des Auslaufes.<br>Die Einzäunung der Gemüsebeete wird mit beweglichem Weidezaun nur dann erstellt, wenn die Hühner dort Bodenpflege betreiben sollen. |
| **Holzsteg an der niedrigen Betonmauer** | Fundament ist vorhanden.<br>Steg aus Lärchenholz vom Sägewerk. |
| **Sitz- und Beobachtungsplatz unterm Apfelbaum** | Als tief gemähte Wiese.<br>Sitzgelegenheit aus Stammstücken des gefällten Baumes erstellen. |
| **Wiesenflächen** | Rasenfläche wird in Zukunft nur noch einmal im Juni und einmal im September gemäht. So entwickelt sich eine Wiese. |
| **Wasserspeicher** | Die alte Badewanne als kleinen Wasserspeicher mit einer Seerose gestalten<br>Vier Wasserfässer mit Schläuchen verbinden und etwas erhöht an der nördlichen Hauswand aufstellen, Regenwasser vom Haus dieser Hausseite dort hineinleiten und einen Schlauch unterirdisch zu den Beeten legen |
| **Pilzzucht** | Die verbliebenen (nicht morschen) Stammstücke mit Shitake-Pilzbrut beimpfen und neben dem Feuchtbiotop zu einem Drittel eingraben |
| **Eidechsen-Biotop** | Mit dem restlichen Beton- und Ziegelbruch ein Eidechsen-Biotop aufhäufen und dieses, zwecks Optik, mit den restlichen Bruchsteinen abdecken. |

Tabelle 3.6: Ausgestaltung der gewählten Gestaltungselemente der Familie Steckling

# Planungshilfen

Im Folgenden sind in tabellarischer Form eine Reihe von Informationen zusammengestellt, die im Planungsprozess bei der Entscheidung für das eine oder andere Element von Bedeutung sein können.

## Zeitansätze für Bau und Erhaltung bestimmter Elemente

Vielleicht haben Sie sich klare Grenzen gesetzt, wieviel Zeit Sie in die Anlage des Gartens und in die spätere Pflege und Erhaltung investieren möchten bzw. können. Die folgende Aufstellung gibt Anhaltspunkte, um den Zeiteinsatz für Anlage und Pflege besser einschätzen zu können. Die Werte sind Durchschnittswerte und beziehen sich auf konzentriertes Arbeiten bei normalen Um-

3.12
Pflanzung eines Obstbaumes. Pfahl und Bindung schützen bei starkem Wind vor Abreißen der Feinwurzeln, eine Schilfmatte schützt den Stamm vor Verbiss und Frostrissen.

Tabelle 3.7: Zeitansätze für Anlage und Erhaltung

| Zeitansätze für Anlage und Erhaltung von Gestaltungselementen | | |
|---|---|---|
| **Gestaltungselement** | **Zeiten für Anlage** | **Zeiten für Pflege und Erhalt** |
| **Obstbaum pflanzen** | 20 Minuten | im Durchschnitt 15 min/Jahr |
| **Nussbaum pflanzen** | 15 Minuten | nicht nötig |
| **Strauch pflanzen** | 10 Minuten | im Durchschnitt 5 min/Jahr |
| **Kraut oder Staude pflanzen** | 5 Minuten | 2 min/Jahr |
| **Wiesenfläche** | entwickelt sich von selbst | 1,5 min/Jahr/m² bei zwei Mähgängen |
| **gepflegte Rasenfläche** | 3 Minuten/m² | 40 min/Jahr/m² |
| **normales Gemüsebeet** | 25 Minuten/m² | 300 min/Jahr/m² |
| **Hochbeet** | 240 Minuten/m² | 300 min/Jahr/m² |
| **Hügelbeet** | 180 Minuten/m² | 250 min/Jahr/m² |
| **extensives Mulch-Beet** | 2 Minuten/m² | 10 min/Jahr/m² |
| **Gartenteich** | 150 Minuten/m² | 30 min/Jahr/m² |
| **Kiesfläche** | 40 Minuten/m² | 12min/Jahr/m² |
| **Platten- oder Pflasterfläche** | 100 Minuten/m² | 4 min/Jahr/m² |
| **Holzterrasse** | 120 Minuten/m² | 4 min/Jahr/m² |
| **Gewächshaus mit Bepflanzung** | 180 Minuten/m² | 300 min/Jahr/m² |

gebungs- und Boden-Bedingungen. Je nach Besonderheiten kann es teils starke zeitliche Abweichungen von den Richtwerten nach unten oder oben geben.

## Über Obstgehölze

Da die klassischen Obstbäume und Beerensträucher in Permakultur-Gärten oft großen Raum einnehmen, werden im folgenden einige Empfehlungen dazu gegeben.

### Pflege im Vorfeld bedenken

Grundsätzlich sind alle Obstgehölze (im Unterschied zum Wildobst) gezüchtete Sorten, die sich von ihren ursprünglichen Vorfahren vor allem in Frucht und Pflege unterscheiden. Seit ca. 5.000 Jahren bauen Menschen Obstgehölze an und züchten diese, meist mit dem Ziel, mehr und größere Früchte zu erzielen, in unterschiedlichen Geschmacksrichtungen und Verwendungsmöglichkeiten. Allerdings benötigen unsere heutigen Obstgehölze auch eine erhöhte Pflege, vor allem, da sie vermehrt Fruchtholz bilden. Dieses lässt den Baum schnell vergreisen, wenn man altes Fruchtholz nicht ab und zu herausschneidet und das Obstgehölz somit verjüngt. Ein gut gepflegter Apfelbaum kann z.B. 100 Jahre alt wer-

3.13: Unterkonstruktion einer Holzterrasse

3.14: Fertige Terrasse aus Lärchenholz

3.15: Pflanzen einer Erdbeer-Staude.

3.16: Frisch angelegter Gartenteich. Richtig eingesetzt, kann er viele Funktionen im Garten übernehmen.

3.17: Erstellen dreier Hügelbeete

den. Schneidet man ihn nicht, wird er vielleicht nur 40 Jahre alt. Allerdings kann auch ein zu grober Schnitt die Lebenszeit stark verkürzen, da durch große Schnittwunden leicht Pilze eintreten können. Eine Faustformel hierzu ist: „Wer zum Schneiden von Obstbäumen mehr als eine Rosenschere und eine kleine Handsäge benötigt, macht etwas falsch.“ Bei großen Bäumen können Sie natürlich noch eine Leiter hinzurechnen.

Kalkulieren Sie also pro Obstbaum im Durchschnitt ca. 15 Minuten Schnittzeit pro Jahr, wenn Sie wissen, was Sie schneiden müssen, und ca. 60 Minuten pro Jahr, wenn Sie sich erst in die Thematik hineinlesen/-arbeiten müssen. Die Zeit wächst natürlich mit der Größe des Baumes. In den ersten Jahren genügt oft eine Minute für 5 kleine Schnitte, nach 50 Jahren wird man eher 2 Stunden pro

Tabelle 3.8: Wuchsformen von Obstgehölzen und ihre Besonderheiten

| Wuchsform | Besonderheiten |
|---|---|
| **Hochstamm** | Der Größte unter den Obstbäumen mit einem Astansatz bei 180 - 200 cm und einer Gesamthöhe bis zu 15 m. Die erste Wahl, wenn man unter dem Baum noch Luftraum haben will, um bequem darunter hindurch zu gehen.<br>Diese Wuchsform hat eine starkwachsende Wurzelunterlage und benötigt im ausgewachsenen Zustand mindestens 25 m² Fläche. Dementsprechend viele Früchte produziert der Baum.<br>Die Bäume werden bei guter Pflege 100 Jahre alt. Für die ersten Erträge muss man jedoch oft 5 Jahre warten. |
| **Halbstamm** | Etwas kleiner als der Hochstamm, der Astansatz beginnt schon bei 120 cm. Somit kann man sich nur schwer darunter bewegen, aber die Früchte besser erreichen. Auch schön als Kletterbaum für Kinder, da die niedrigeren Äste gut zu erreichen sind. Die Wuchsgröße ist dennoch mit bis zu 12 m beachtlich. 20 m² Flächenverbrauch ist hier das Minimum.<br>Das Höchstalter liegt teilweise bei nur 60 Jahren, gelegentlich auch bei bis zu 100 Jahren. |
| **Buschbaum** | Die nächstkleinere Variante mit nur 3,5 m Gesamthöhe. Gut für kleinere Gärten geeignet, da nur ca. 10 m² Pflanzfläche benötigt werden. Leider sind die Wurzeln teilweise so schwachwüchsig, dass ein dauerhafter Pfahl benötigt wird, um Standsicherheit zu gewährleisten. Ein Alter von 40 Jahren ist hier schon eine Seltenheit, allerdings kann es ab dem zweiten Jahr schon Früchte geben. |
| **Spindelbusch** | Der Mini mit einer Höhe von 2,5 m und einem Platzbedarf von unter 8 m². Trägt oft schon im ersten Standjahr, mit meist sehr großen Früchten. Auch hier muss zur Stabilisierung ein dauerhafter Pfahl eingebaut werden. Nicht älter als 20-30 Jahre werdend |
| **Spalier** | Besondere Schnitt-/Erziehungsform, mit der eine eher flächige Wuchsform anstrebt wird. Als eine Art Wand lassen sich diese Bäume ideal vor Mauern oder Hausfassaden pflanzen. Dort stehen sie meist sehr geschützt, benötigen wegen des aufwändigen Erziehungs- und Erhaltungsschnitts aber besondere Aufmerksamkeit.<br>Bis zu 3,5 m hoch und 6 m breit. Ein echter Blickfang vor dem Haus, jedoch kaum älter als 40 Jahre werdend. |
| **Säulenobst** | Wächst lediglich als schlanke Säule und passt somit auch in Kübel auf Balkone oder Terrassen. |

Baum brauchen. Für alle, denen das zu viel ist, gibt es eine große Auswahl an Wildobst bzw. essbaren Wildgehölzen, die nur jedes Jahrzehnt mal einen Schnitt benötigen.

## Wundverschlussmittel

Ein sogenanntes Wundverschlussmittel, also eine Paste, die die Wunde verschließen soll, empfiehlt sich beim gängigen Gehölzschnitt nicht. Da wir in der Natur nicht hermetisch abgeriegelt arbeiten, sind nach jedem Schnitt sofort Pilzsporen auf der Wunde. Die Paste schließt diese dann ein, so dass für die Pilze durch das warme und feuchte Klima darunter ideale Wachstumsbedingungen entstehen. Wunden ohne ein solches Mittel verheilen in der Regel schneller. Außerdem verleitet ein Wundverschlussmittel dazu, größere Schnitte durchzuführen, da man sich ja in den Schein des guten Gewissens hüllen kann.

## Sortenauswahl

Mittlerweile gibt es bei Äpfeln, Birnen, Zwetschgen und Kirschen eine sehr große Vielfalt an Sorten, wobei es teilweise regional besondere Züchtungen gibt, die auch nur in bestimmten Regionen erhältlich sind. Überlegen Sie sich im Vorfeld, was Sie von Ihren Obstbäumen erwarten: Wie groß darf der Baum werden, welche Standortbesonderheiten sind zu beachten, wann sollen die Früchte reif sein, was möchten Sie mit den Früchten machen? Mit diesen Überlegungen lassen Sie sich am besten in der örtlichen Baumschule beraten. Auch im Internet gibt es viele Möglichkeiten, sich über Obstsorten zu informieren, natürlich gibt es auch für Obstgehölze Online-Händler, falls Sie keine Baumschule in der Region finden.

## Wuchsform

Neben der Sortenauswahl stehen verschiedene Wuchsformen zur Auswahl, die in Tabelle 3.8 mit ihren Eigenschaften zusammengestellt sind.

3.18: Wildnis-Zone: innerhalb der letzten 5 Jahre haben sich hier Wildrosen, Brombeeren, Hartriegel, Ebereschen, Hainbuchen und vieles mehr angesiedelt.

Tabelle 3.9: Für schwere Böden geeignete Gehölze

| **Nutzbare Gehölze für schwere Böden** | | | |
|---|---|---|---|
| deutscher Name<br>*botanischer Name* | Verwendung | Größe | Licht-ansprüche |
| Wild-Kirsche<br>*Prunus avium* | Beere, essbar und verwertbar | 15-20m | so-hsch |
| Sal-Weide<br>*Salix caprea* | Blüte, Nahrung für Bienen | 3-8m | so |
| Sommer-Linde<br>*Tilia platyphyllos* | Blüten als Tee | 30-40m | so-hsch |
| Kornelkirsche<br>*Cornus mas* | Beere, essbar und verwertbar | 3-6m | so-hsch |
| Haselnuss<br>*Corylus avellana* | Nuss, essbar | 4-6m | so-hsch |
| Apfel-Dorn<br>*Crataegus lavallei* | Frucht, verwertbar | 5-8m | so-hsch |
| Schlehe<br>*Prunus spinosa* | Beere, nach Frost verwertbar | 1-3m | so-hsch |
| Gold-Johannisbeere<br>*Ribes aureum* | Beere, essbar | 1-2m | so-sch |
| Hunds-Rose<br>*Rosa canina* | Frucht, verwertbar | 1-3m | so-hsch |
| Brombeere<br>*Rubus fruticosus* | Beere, essbar und verwertbar | 2-4m | so-hsch |
| Himbeere<br>*Rubus ideaus* | Beere, essbar und verwertbar | 1-2m | so-hsch |
| Holunder<br>*Sambucus nigra* | Blüte und Beere, verwertbar | 2-7m | so-hsch |
| Abkürzungen: so=sonnig, hsch=halbschattig, sch=schattig | | | |

3.19: Hunds-Rose, Blüten und Hagebutten lassen sich gut verwerten

3.20: Holunder, für wunderbare Sirups und Säfte

Tabelle 3.10: Für sandige Böden geeignete Gehölze

| **Nutzbare Gehölze für sandige Böden** | | | |
|---|---|---|---|
| deutscher Name<br>*botanischer Name* | Verwendung | Größe | Licht-ansprüche |
| Ess-Kastanie<br>*Castanea sativa* | essbar und verwertbar | 10-35m | so |
| Weidenblättrige Birne<br>*Pyrus silicifolia* | verwertbar | 4-5m | so |
| Eberesche<br>*Sorbus aucuparia* | verwertbar | 5-10m | so-sch |
| Echte Felsenbirne<br>*Amelanchier ovalis* | essbar | 1-3m | so |
| Kornelkirsche<br>*Cornus mas* | essbar und verwertbar | 3-6m | so-hsch |
| Sanddorn, *Hippophae rhamnoides* | essbar und verwertbar | 1-5m | so |
| Preiselbeere<br>*Vaccinium vitis-idea* | gut verwertbar | 0,2-0,3m | so-hsch |
| Gold-Johannisbeere<br>*Ribes aureum* | essbar | 1-2m | so-sch |
| Apfel-Rose<br>*Rosa rugosa* | verwertbar | 1-2m | so-hsch |
| Strahlengriffel (Kiwi)<br>*Actinidia arguta* | essbar und verwertbar | klettert | so-hsch |
| Abkürzungen: so=sonnig, hsch=halbschattig, sch=schattig | | | |

## Pflanzung

Wie bei fast allen Gehölzen (außer mediterranen) ist der Herbst die beste Pflanzzeit. Zu dieser Zeit sind auch die meist wesentlich günstigeren „wurzelnackten" Gehölze zu bekommen (also ohne Topf oder Ballen). Dass Sie die verletzten Wurzeln sauber abschneiden, ein ausreichend großes Pflanzloch erstellen und anschließend die Erde wieder gut antreten und wässern, versteht sich von selbst. Anschließend sollten Sie noch einen Pfahl in Hauptwindrichtung neben dem Baum einschlagen (nicht in die Wurzeln) und den Baum anbinden. Das verhindert, dass durch starke Winde immer wieder die neu gebildeten Feinwurzeln abreißen und so das Anwachsen erschweren. Nach 2-3 Jahren können Sie Pfahl und Bindung entfernen. Kontrollieren Sie davor gelegentlich, dass die Bindung nicht in den Stamm einwächst. Um Frostrissen in den ersten Jahren vorzubeugen, empfiehlt sich ein Weißanstrich oder eine Schilfmatte um den Stamm, die gleichzeitig vor Wildverbiss schützt. Führen Sie außerdem bei oder nach der Pflanzung einen Pflanzschnitt durch. Bei diesem sollen in etwa so viele Zweige entfernt werden, wie der Baum Wurzeln durch die Verpflanzung verloren hat.

Denken Sie auch daran, dass Gehölze mit Gräsern konkurrieren müssen, und sorgen Sie dafür,

3.22: Kornelkirsche, einer der ersten Frühjahrsblüher, mit essbaren Beeren im Sommer

dass der Wurzelraum in den ersten 10 Jahren nicht von Gräsern überwuchert wird. Hierzu können Sie eine Baumscheibe mulchen, Kräuter um den Baum pflanzen, ein Beet darunter anlegen uvm.

## Vermehrung

Beerenobst, vor allem Johannis- und Stachelbeeren lassen sich sehr leicht über Stecklinge vermehren. Hierzu schneiden Sie ein möglichst junges Triebstück ab, an dem mindestens drei Knospen sind, und stecken es mit 2/3 der Knospen in die Erde. Jetzt müssen Sie das Triebstück nur noch feucht halten, dann bilden die unteren Knospen Wurzeln und die oberen neue Triebe. Die Vermehrung wird am besten im Frühjahr kurz vor dem Blattaustrieb durchgeführt, die jungen Triebe sollten das ganze erste Jahr feucht gehalten werden, also am besten an einen schattigen Platz pflanzen.

Himbeeren und Brombeeren lassen sich auf die gleiche Art vermehren, aber noch besser über deren Ausläufer. Graben Sie einfach im Frühjahr oder Herbst einen solchen Ausläufer von der Hauptpflanze ab und pflanzen ihn nach dem Wurzelaustrieb an anderer Stelle wieder ein. Auch fast

3.23: Früchte der Felsenbirne,schmecken fast besser als Heidelbeeren und brauchen keinen sauren Boden

3.24: Früchte des Sanddorn, eine echte Vitamin-Bombe Foto: Peter Himmelhuber

Tabelle 3.11: Für schattige Standorte geeignete Pflanzen

| **Nutzbare Pflanzen für schattige Standorte** | | | |
|---|---|---|---|
| deutscher Name<br>*botanischer Name* | Verwendung | Größe | Licht-ansprüche |
| Eberesche<br>*Sorbus aucuparia* | verwertbar | 5-10m | so-sch |
| Mahonie<br>*Mahonia aquifolium* | verwertbar | 0,8-1,2m | hsch-sch |
| Gold-Johannisbeere<br>*Ribes aureum* | essbar | 1-2m | so-sch |
| Zimt-Himbeere<br>*Rubus odoratus* | verwertbar | 1-2m | hsch-sch |
| Wald-Erdbeere<br>*Fragaria vesca* | essbar und verwertbar | 0,1-0,3m | hsch-sch |
| Bärlauch<br>*Allium ursinum* | essbar und verwertbar | 0,1-0,3m | hsch-sch |
| Abkürzungen: so=sonnig, hsch=halbschattig, sch=schattig | | | |

3.25: Bärlauch, mag es feucht-kühl und schattig und braucht das zersetzende Laub von Bäumen (also im Herbst nicht entfernen).

3.26: Mahonie in der Blüte, herrliche Bienenweide
Bild: Botanischer Garten Bochum, Armin Jagel

3.27: Pfaffenhütchen in der Herbstfärbung. Wie an der Farbe schon zu erahnen ist: sehr giftig für Menschen. Vögel hingegen lieben es.

3.28: Eberesche, Vogelnährgehölz und nutzbares Holz; Bild: Peter Himmelhuber

Tabelle 3.12: Gehölze für saure Böden

| **Nutzbare Gehölze für saure Böden** | | | |
|---|---|---|---|
| deutscher Name<br>*botanischer Name* | Verwendung | Größe | Licht-ansprüche |
| Felsenbirne<br>*Amelanchier in Arten* | verwertbar | 1-5m | so |
| Ess-Kastanie<br>*Castanea sativa* | essbar und verwertbar | 10-35m | so |
| Eberesche<br>*Sorbus aucuparia* | verwertbar | 5-10m | so-sch |
| Apfelbeere<br>*Aronia melanocarpa* | essbar | 0,5-2m | so-hsch |
| Zierquitte, *Chaenomeles japonica* | essbar und verwertbar | 1m | so |
| Brombeere<br>*Rubus fruticosus* | essbar und verwertbar | 2-4m | so-hsch |
| Kriechende Himbeere<br>*Rubus calycinoides* | essbar | 0,1m hoch<br>0,5-1m br. | so-hsch |
| Abkürzungen: so=sonnig, hsch=halbschattig, sch=schattig | | | |

3.29: Die Früchte der Mispel lassen sich sehr gut zu Mus verarbeiten; Bild: Margit Rusch

3.30: Früchte der Aronie, wahnsinnig lecker getrocknet im Müsli

alle Wildgehölze lassen sich leicht durch Stecklinge oder Ausläufer vermehren.

Natürlich lassen sich auch Obstbäume vermehren. Diese müssen jedoch veredelt werden, um die Vorteile zweier verschiedener Sorten (z.B. robuste Wurzeln und wohlschmeckende Früchte) zu vereinen. Das wiederum ist für den Hausgarten eine Liebhaberarbeit, die sich finanziell und zeitlich nur in sehr seltenen Fällen lohnt.

Auch fast alle Obstgehölze wie Äpfel, Birnen, Zwetschgen, Kirschen, Johannisbeeren usw. sind gut geeignet für alkalische Böden. Sie kommen jedoch auch mit neutralen und schwach sauren Böden zurecht.

## Wildgehölze mit unterschiedlichen Verwendungsmöglichkeiten

Standortansprüche, falls nicht anders angegeben: keine Staunässe, trocken bis feucht, sonnig bis halbschattig. Die meisten essbaren Gehölze sind auch als Bienenweide und Vogelnährgehölz verwendbar, und alle roh essbaren Früchte kann man natürlich auch weiter verarbeiten.

Tabelle 3.13: Gehölze für alkalische Böden

| Nutzbare Gehölze für alkalische Böden | | | |
|---|---|---|---|
| deutscher Name<br>*botanischer Name* | Verwendung | Größe | Licht-ansprüche |
| Walnuss<br>*Juglans regia* | essbare Nüsse | 10-15m | so |
| Maulbeer-Baum<br>*Morus alba* | essbare Früchte | 10-15m | so-hsch |
| Wild-Kirsche<br>*Prunus avium* | essbar | 15-20m | so-hsch |
| Schlehe<br>*Prunus spinosa* | verwertbar | 1-3m | so-hsch |
| Speierling<br>*Sorbus domestica* | essbare Früchte | 10-15m | so-hsch |
| Sommer-Linde<br>*Tilia platyphyllos* | Blüten als Tee | 30-40m | so-hsch |
| Echte Felsenbirne<br>*Amelanchier ovalis* | essbar | 1-3m | so |
| Kornelkirsche<br>*Cornus mas* | essbar und verwertbar | 3-6m | so-hsch |
| Haselnuss<br>*Corylus avellana* | Nuss, essbar | 4-6m | so-hsch |
| Mispel<br>*Mespilus germanica* | Früchte essbar und verwertbar | 3-5m | so-hsch |
| Hunds-Rose<br>*Rosa canina* | Frucht, verwertbar | 1-3m | so-hsch |
| Holunder<br>*Sambucus nigra* | Blüte u. Beere, verwertbar | 2-7m | so-hsch |
| Strahlengriffel, Kiwi<br>*Actinidia arguta* | essbar und verwertbar | klettert | so-hsch |
| Abkürzungen: so=sonnig, hsch=halbschattig, sch=schattig | | | |

| Nutzungsmöglichkeiten verschiedener Wildgehölze | | | |
|---|---|---|---|
| **deutscher Name**<br>***botanischer Name*** | **Größe** | **Besonder-heiten** | **Verwendung** |
| Apfelbeere<br>*Aronia melanocarpa* | 0,5-2 m | Überflutung vertragend | roh essbar |
| Apfel-Dorn<br>*Crataegus lavallei ´Carrierei´* | 5-8 m | extreme Hitze u. Trockenheit vertragend | roh essbar |
| Berberitze<br>*Berberis vulgaris* | 1-3 m | sehr hitze-verträglich | verarbeitet essbar |
| Bibernell-Rose<br>*Rosa pimpinellifolia* | 0,5-1,5 m | robust, früh blühend | verarbeitet essbar |
| Eberesche<br>*Sorbus aucuparia* | 5-10 m | etwas hitze-empfindlich | verarbeitet essbar |
| Elsbeere<br>*Sorbus torminalis* | 8-15 m | nicht zu schwere Böden | verarbeitet essbar, teures Wertholz |
| Faulbaum<br>*Rhamnus frangula* | 2-5 m | sehr robust, schwere Böd. gut vertragend | Vögel und Bienen |
| Feld-Ahorn<br>*Acer campestre* | 5-15 m | sehr windfest | Bienenweide |
| Echte Felsenbirne<br>*Amelanchier ovalis* | 1-3 m | anpassungs-fähig | roh essbar |
| Felsen-Kirsche<br>*Prunus mahaleb* | 3-6 m | sehr robust, vollsonnig | Vögel und Bienen |
| Gewöhnliche Hülse<br>*Ilex aquifolium* | 2-5 m | giftig! eher schattig | Vogelnährge-hölz |
| Gold-Johannisbeere<br>*Ribes aureum* | 1-2 m | auch schattig | roh essbar |
| Hainbuche<br>*Carpinus betulus* | 5-15 m | gute Regene-ration | Vogelnährge-hölz |
| Roter Hartriegel<br>*Cornus sanguinea* | 2-5 m | sehr robust | Vogelnährge-hölz |
| Haselnuss<br>*Corylus avellana* | 4-6 m | sehr anpas-sungsfähig | roh essbar |
| Heckenkirsche<br>*Lonicera xylosteum* | 1-2 m | giftig, auch schattig | Vögel und Bienen |
| Hecken-Rose<br>*Rosa canina* | 1-3 m | robust | verarbeitet essbar |
| Holz-Apfel<br>*Malus sylvestris* | 4-10 m | keine Boden-verdichtung | befruchtet alle Apfelsorten, essbar |
| Holunder<br>*Sambucus nigra* | 2-7 m | Überflutung vertragend | Blüten und Beeren gut verwertbar |

| Nutzungsmöglichkeiten verschiedener Wildgehölze | | | |
|---|---|---|---|
| **deutscher Name**<br>***botanischer Name*** | **Größe** | **Besonder-heiten** | **Verwendung** |
| Kornelkirsche<br>*Cornus mas* | 3 - 6 m | anpassungs-fähig | roh essbar |
| Kreuzdorn<br>*Rhamnus catharticus* | 2-5 m | sehr robust | Vögel und Bienen |
| Liguster<br>*Ligustrum vulgare* | 2-5 m | giftig, anpas-sungsfähig | Vögel und Bienen |
| Mahonie, *Mahonia aquifolium* | 0,8-1,2 m | eher schattig und feucht | verarbeitet essbar |
| Maulbeer-Baum<br>*Morus alba* | 10-15 m | mäßig frost-hart | roh essbar |
| Mispel<br>*Mespilus germanica* | 3-5 m | mäßig frost-hart | verarbeitet essbar |
| Pfaffenhütchen<br>*Euonymus europaeus* | 2-6 m | giftig! | Vogelnähr-gehölz |
| Sal-Weide<br>*Salix caprea* | 3-8 m | anpassungsfähig, Überflutung vertragend | super Bienenweide |
| Sanddorn<br>*Hippophae rhamnoides* | 1-5 m | min. 2 für Befruchtung | roh essbar |
| Schlehe<br>*Prunus spinosa* | 1-3 m | Ausläufer bildend | nach Frost essbar |
| Schneeball<br>*Viburnum opulus* | 2-4 m | eher schwere Böden | Vögel und Bienen |
| Silber-Weide<br>*Salix alba* | 10-20 m | nicht zu trocken | sehr gute Kopfweide |
| Speierling<br>*Sorbus domestica* | 10-15 m | geschützt, nicht zu nass | verarbeitet essbar |
| Weißdorn, *Crataegus monogyna* | 2-6 m | sehr windfest | roh essbar |
| Wild-Kirsche<br>*Prunus avium* | 15-20 m | etwas wind-empfindlich | roh essbar |

Tabelle 3.14
Wildgehölze und ihre Nutzungsmöglichkeiten

| Heimische Holzarten | | |
|---|---|---|
| **Holzart** | **Verwendung** | **Anmerkung** |
| **Lärche** | widerstandsfähiges Holz für den Außenbereich | Gilt nur für das rötliche Kernholz, Splintholz ggf. abschneiden |
| **Fichte** | sehr kostengünstig, nur für überdachte Bauwerke geeignet, nicht sehr witterungsbeständig | leichtes und weiches Holz, leicht zu bearbeiten |
| **Douglasie** | für den Außenbereich geeignet | nicht ganz so robust wie Lärche, aber etwas preiswerter |
| **Eiche** | langlebiges Holz für den Außenbereich | Bretter können sich stark verziehen, wenn sie einseitig feucht werden, und sprengen dabei auch Verschraubungen. |
| **Robinie** | langlebiges Holz für den Außenbereich | größere Äste nach Möglichkeit aus dem Holz fräßen, da dort sonst der Balken/Stamm von innen her zu verrotten beginnt. |

Tabelle 3.15: Heimische Holzarten und ihre Eignung für Bauwerke im Garten

Tropenhölzer und modifizierte Hölzer werden hier nicht aufgeführt, da diese mit erhöhtem Transportaufwand und Energieeinsatz verbunden sind. Die in der obenstehenden Liste genannten heimischen Hölzer reichen vollkommen aus, um jedes Bauwerk in einem Garten vernünftig anlegen zu können.

3.31: Robinien-Holz, langlebig und robust

3.32: Das hellere Splintholz der Lärche ist hier gut zu erkennen und sollte abgesägt werden, da es nur wenig haltbar ist.

3.33: Kanthölzer aus Eiche eignen sich als dauerhaftes Bauholz für den Außenbereich

# Den Gartenplan erstellen

Wenn alle Details der Gartenanlage geklärt sind, kann der Gartenplan erstellt werden. Hierbei gehen Sie wie folgt vor:

1. Kleben Sie den Bestandsplan mit Klebeband an den Ecken auf den Tisch und legen Sie ein Transparent-Papier darüber. Auch dieses sollten Sie mit Klebeband fixieren.
2. Nun zeichnen Sie als erstes alles, was bestehen bleibt, mit einem wasserfesten, schwarzen Stift nach (Strichstärke des Stiftes ca. 0,3 mm): die Grenzen, das Haus, vorhandene Wege und Plätze, größere Bäume oder Hecken. Falls noch junge Pflanzen an ihrem angestammten Ort erhalten bleiben, zeichnen Sie diese ungefähr in ausgewachsener Größe ein. Der Gartenplan ist nämlich ein Abbild des „ausgewachsenen Gartens", also eigentlich eine Vorstellung der Zukunft.
3. Mit Bleistift zeichnen Sie als nächstes alle neuen Elemente ein, ihre Größe natürlich im gewählten Maßstab und die Pflanzen wieder im ausgewachsenen Zustand.
4. Sie sehen die Vision des Gartens nun zum ersten Mal im Ganzen. Dabei kann es gut sein, dass Ihnen Details auffallen, die angepasst oder hinzugefügt werden sollten. Durch das Zeichnen mit dem Bleistift lässt sich das gut ändern und ergänzen. Auch der genaue Verlauf von Wegen und Leitungen kann jetzt markiert werden.
5. Sind Sie mit allen Details der Gartenanlage, wie Sie sie vor sich sehen, zufrieden, zeichnen Sie die Bleistift-Linien mit dem wasserfesten Stift nach.
6. Beschriften Sie die verschiedenen Elemente gut lesbar direkt in der Zeichnung. Das ist meist übersichtlicher und macht eine Legende überflüssig.
7. Auch Nordpfeil, Maßstab, Datum und Bezeichnung des Gartenprojekts werden auf dem Plan vermerkt, um ggf. Monate später diese wichtigen Informationen gleich zur Hand zu haben.
8. Zum Schluss können Sie den Plan noch graphisch ausarbeiten und farbig gestalten. Lassen Sie sich dabei von Frau Stecklings Zeichnung inspirieren.

3.34: Zeichenmaterialien und Hilfsmittel, um einen Gartenplan zu erstellen.

Tabelle 3.16: Anhaltswerte für die Größe verschiedener Pflanzen im ausgewachsenen Zustand

| **Größe verschiedener Pflanzen im ausgewachsenen Zustand** | |
|---|---|
| **Pflanzenart** | **Ausgewachsene Größe für den Gartenplan** |
| Beerenobst | 1 m breit, 1-2 m hoch |
| Kleinsträucher (Wildrose, Aronie, Mahonie etc.) | 1- 3 m breit und hoch |
| Großsträucher (Holunder, Hasel, Felsenbirne, etc.) | 3-5 m breit, 4-6 m hoch |
| Obstbaum als Halbstamm sowie Pfirsich und Quitte | 3-5 m breit und hoch |
| Obstbaum als Hochstamm | 6-8 m breit und hoch |
| Kleinbäume (Eberesche, Weide, Wildapfel etc.) | 4-8 m breit, 6-10 m hoch |
| Sauerkirsche | bis 8 m breit, bis 10 m hoch |
| Süßkirsche | bis 8 m breit, bis 15 m hoch |
| Walnuss | bis 10 m breit, bis 15 m hoch |
| Ess-Kastanie | je nach Standort 10 - 15 m breit und 10 - 35 m hoch |

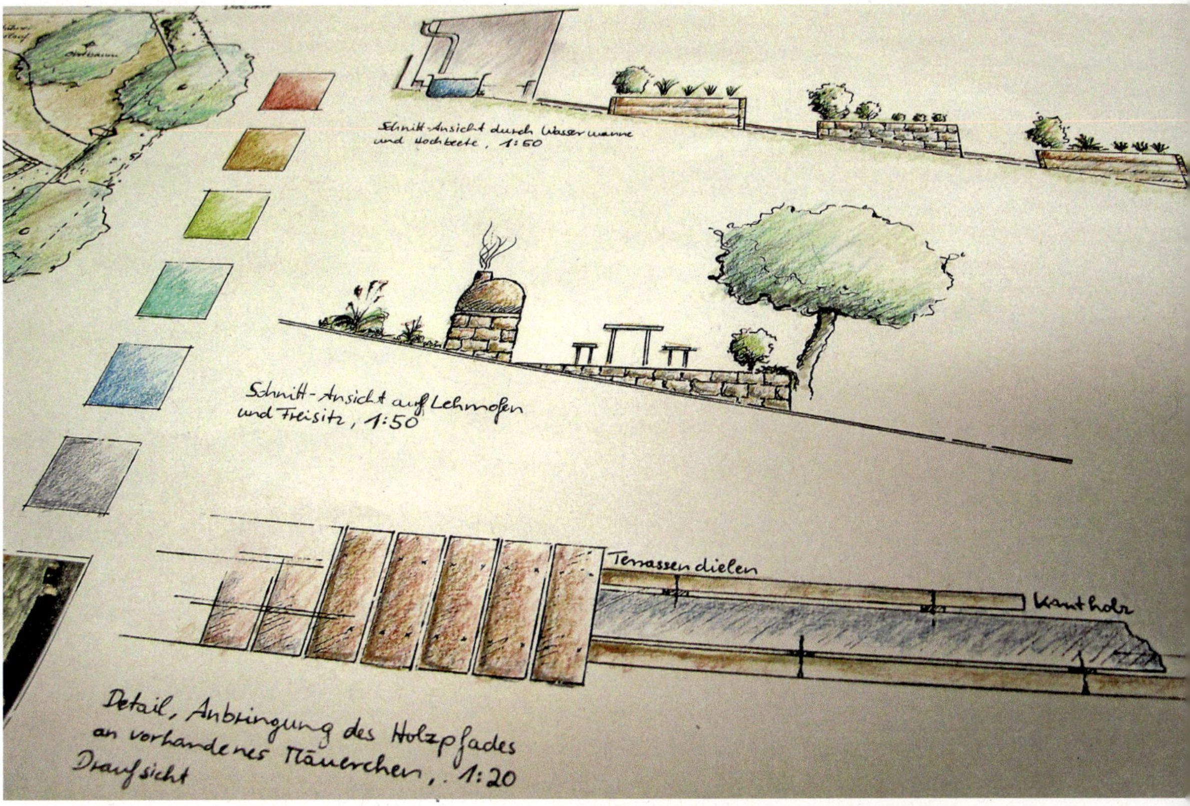


9. Kopieren Sie den fertigen Plan noch zweimal, um die Kopien bei der praktischen Umsetzung auch mit in den Garten nehmen zu können.

Anhaltswerte für die Größe verschiedener Pflanzen im ausgewachsenen Zustand gibt Tabelle 3.16.

Herzlichen Glückwunsch! Sie haben Ihren eigenen Gartenplan fertiggestellt, der sich an den örtlichen und Ihren persönlichen Gegebenheiten orientiert, die klimatischen Bedingungen berücksichtigt und sich in ein stimmiges Gesamt-Konzept einfügt. Die bisher investierte Zeit wird durch vermiedene Mühen bei der Anlage und Erhaltung des Gartens reichlich aufgewogen. Mit einer solchen Planung steht der praktischen Gartenanlage nun nichts mehr im Wege.

Den fertigen Gartenplan von Familie Stecklings Garten zeigt Abb. 3.37.

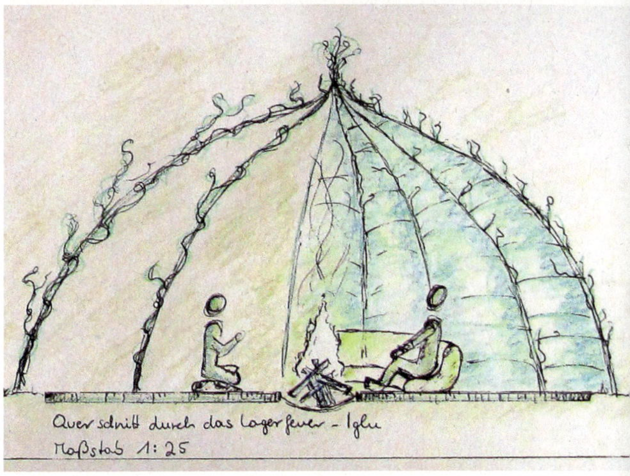


3.35 und 3.36:
Details, Querschnitte und Ansichten des geplanten Gartens helfen bei der Kommunikation mit den Beteiligten.

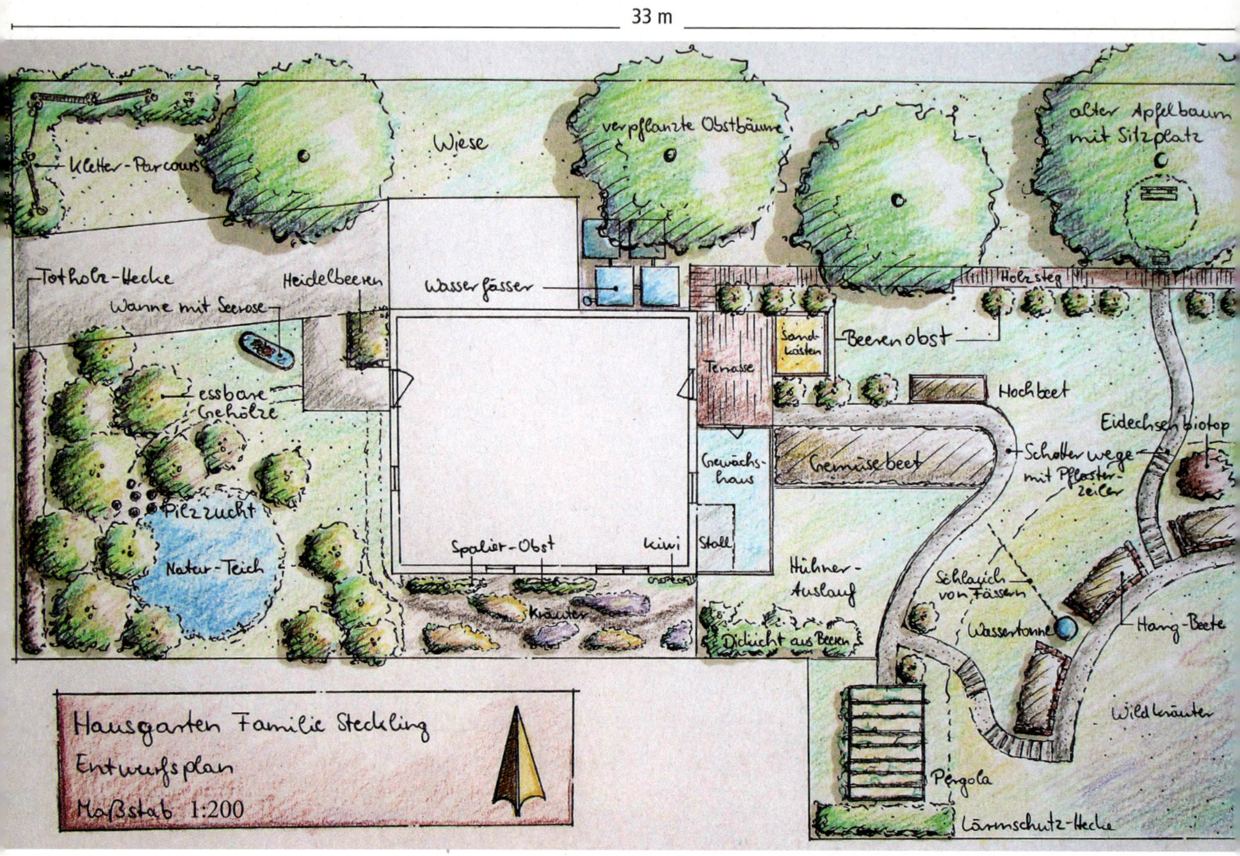


3.37
Der fertige Gartenplan von Familie Steckling: Die vorhandenen kleinen Obstbäume sollen in den nördlichen Bereich verpflanzt werden, um dem intensiv genutzten Gartenbereich kein Licht wegzunehmen. Das vorhandene Beerenobst wird entlang der Wege gepflanzt und durch weitere Sträucher ergänzt. Alle Gemüsebeete, die besonders viel Aufmerksamkeit benötigen, liegen direkt am Rundweg. Das Regenwasser vom Haus wird gespeichert, ein vergrabener Schlauch füllt die tiefer gelegene Wassertonne bei den Hangbeeten. Neben dem großen Gemüsebeet haben die Hühner ihren Auslauf; im Winterhalbjahr beweiden und pflegen sie dieses mit. In dem vorhandenen Gewächshaus lässt sich leicht ein kleiner Stallbereich einrichten. Die vorhandene Terrasse bleibt bestehen, da sie nah am Haus liegt und vor allem in den Morgenstunden sehr schön ist. Das alte Gartenhaus wird zu einer Pergola umgewandelt, mit einer Lärmschutzhecke im Süden, um die Geräusche der Straße auf der Südseite des Grundstückes zu dämpfen. Der immergrüne Schneeball (*Viburnum* )vermeidet außerdem den Ärger mit dem dort angrenzenden Nachbar über lästigen Laubfall.
Südlich des Hauses liegt der wärmste Bereich des Gartens. Er wird zu einem mediterranen Kräuterbeet mit Spalierobst und Kiwi an der Hauswand gestaltet. Die Wiesenmulde wird zu einem Feuchtbiotop erweitert, an dem eine Pilzzucht ihren Lebensraum findet. Nördlich der Zufahrt soll die alte Hainbuchen-Hecke für einen Kletter-Parcours genutzt werden, im südlichen Bereich soll sie gefällt und zu einer Totholzhecke aufgetürmt werden, an der sich eine lockere Windschutzhecke aus essbaren Wildgehölzen anschließt. Die pflegeleichte, aber kaum begehbare Wiesenfläche hat ihren Platz unter den Obstbäumen, die nur einmal im Jahr beerntet werden müssen. Es grenzt jedoch sehr viel Wiesenfläche an den Rundweg an, so dass jederzeit auch Wildkräuter gepflückt werden können. Direkt neben dem Hauszugang befindet sich ein kleines Beet, das durch Weg und Einfahrt von der umliegenden Vegetation abgetrennt ist. Hier möchte Frau Steckling mit Rindenhumus ein Moorbeet-Klima schaffen und Heidelbeeren anpflanzen. Die alte Badewanne wird zu einem Seerosen-Teich verwandelt und bildet einen schönen Blickfang direkt vor der Haustüre.

# 4 Stück für Stück den Garten anlegen

Im zweiten Teil des Buches geht es darum, den Gartenplan in die Tat umzusetzen. Die meiste Denk- und Gestaltungs-Arbeit haben Sie bereits im ersten Teil erledigt. Nun möchte ich Ihnen noch ein paar Tipps und Hinweise an die Hand geben, wie Sie die Anlage effektiv und mit wenig Aufwand durchführen können.

## Warum nicht alles auf einmal?

Warum sollten Sie den Garten Stück für Stück anlegen und nicht alles auf einmal? In der Regel werden in unserer Gesellschaft Häuser und Außenanlagen von Handwerkern „auf einen Schlag" d.h. komplett als Auftrag erledigt. Dabei bleibt oft manches Potenzial eines Standortes unberücksichtigt, vor allem, wenn bei der Planung und beim Bau wenig auf Vorhandenes geachtet wird, und auch, weil die Bau-Ausführenden meist nicht die späteren Bewohner oder Nutzer/Bewirtschafter sind. Wenn Sie Ihren Garten selbst anlegen, haben Sie zwar mehr Arbeit, aber auch einen großen Vorteil. Bei jedem Arbeitsschritt werden Sie ganz von selbst noch einmal über dessen Sinnhaftigkeit nachdenken. Dabei werden Ihnen mit Sicherheit noch neue Ideen kommen und auch Details zur Verbesserung der Planung einfallen. Lassen Sie diese Impulse ruhig in Ihre Arbeiten einfließen. Der zuvor erstellte Gartenplan soll eine Grundstruktur und ein Fundament vorgeben, Sie aber nicht bei der Umsetzung einschränken und von Verbesserung abhalten.

Bei dieser Vorgehensweise ist es sehr praktisch, wenn eben nicht alles auf einmal angelegt wird. Nehmen Sie sich Zeit für die Anlage, beobachten Sie die Reaktionen auf Ihr bisheriges Tun im Garten und reagieren Sie kreativ auf Veränderungen. Vielleicht erledigen sich ja einige Arbeiten im Lauf der Zeit von selbst.

## Grundstruktur anlegen

In fast allen Fällen macht es Sinn, zuerst eine Grundstruktur anzulegen. Dazu gehören größere Erdarbeiten, die Pflanzung von Bäumen und Sträuchern, die Anlage von Wegen, Sitzplätzen und größeren Elementen, wie beispielsweise eines Gewächshauses. Die Erdarbeiten sollten Sie als erstes erledigen, da vorher Angelegtes sonst in Mitleidenschaft gezogen werden kann. Anschließend werden Bäume und größere Gehölze gepflanzt. Zum einen brauchen Bäume am längsten, bis sie ihre natürliche Größe erreicht haben, und zum anderen orientieren sich die kleineren Elemente leichter an den Standorten der großen Objekte. Auch Wege, Plätze und Bauwerke lassen sich nun an den Baumbestand und an die Bodenmodellierung anpassen.

## Natürliche Prozesse bei der Gartenanlage

Mit etwas Geduld können Sie viele Details die Natur erledigen lassen. So besiedeln sehr unterschiedliche Pflanzenarten jede neue Situation, die

4.1
Hier wurden Erdbewegungen durchgeführt und anschließend die Gehölze gepflanzt. Die angebrachte frische Schafswolle soll übrigens vor Verbiss durch Rehe schützen. Im Hintergrund hat sich schon das erste Regenwasser in dem zukünftigen Feuchtbiotop gesammelt.

Sie vielleicht durch die Anlage der Grundstruktur geschaffen haben. Auf offenliegender Erde kann sich im Lauf eines halben Jahres eine bunte Wiese entwickeln. Mulden, in denen sich Regen ansammelt, werden bald von Binsen und anderen Sumpfpflanzen bevölkert. Wird eine Wiese nicht mehr gemäht, sähen sich Wildgehölze aus, die auf Dauer zu einer artenreichen Hecke geformt werden können. Allerlei Wildtiere und Nützlinge werden oft schon nach Tagen angelockt, wenn Sie nur für geeignete Bedingungen sorgen.

Auch hier kommt es Ihnen wieder zugute, wenn Sie Ihren Garten stückweise anlegen. So können Sie beobachten, welche Gartenarbeiten die Natur für Sie übernimmt, und dabei oft noch eine Menge lernen.

4.2 und 4.3
In der einst leeren Grube konnten sich durch den hineinfließenden Regen Binsen und Rohrkolben ansiedeln.

4.4 und 4.5 (unten links und rechts)
Der offene Boden hat sich innerhalb weniger Monate zu einer geschlossenen Wiese mit vielen Wildkräutern entwickelt.

## Kooperationen mit Nachbarn

Ein wichtiger Leitsatz der Permakultur ist „Kooperation statt Konkurrenz". Dies gilt nicht nur für das Verhältnis zwischen Ihnen und den natürlichen Abläufen im Garten, sondern auch gegenüber Ihrer Nachbarschaft. In kleineren Ortschaften war es früher selbstverständlich, sich gegenseitig zu helfen. Teilweise hing sogar das Überleben davon ab. Heutzutage sind wir alle zwar bestens vernetzt, doch wissen wir oft nicht mal mehr den Namen unserer Nachbarn. Dabei können durch ortsnahe Kooperationen alle Beteiligten meist viel gewinnen, indem z.B. Saatgut, vorhandene Ressourcen und/oder Knowhow ausgetauscht werden. Auch Ernte-Überschüsse können geteilt werden, was für die einen den Speiseplan bereichert und die anderen entlastet, wenn sie den genervten Satz ihrer Kinder: „Schon wieder Zucchini?!" nicht so oft hören wollen. Sogar nachbarschaftsübergreifende Gestaltungen können entstehen, in denen beispielsweise in jedem Garten einer Straße eine andere Apfelsorte gepflanzt wird. So stehen jedem Bewohner der Straße frühe Tafeläpfel, späte Lageräpfel, Äpfel für Kuchen, Gelee und Mus sowie süße, saure und saftige Äpfel zur Verfügung. Und das mit nur einem Baum im Garten und ohne die jährliche Frage: „Was mache ich nur mit den 300 kg Tafeläpfeln?"

4.7
Der Bärlauch nutzt das erste Frühlings-Licht ideal aus, bevor die Blätter der Bäume austreiben und die Fläche beschatten.

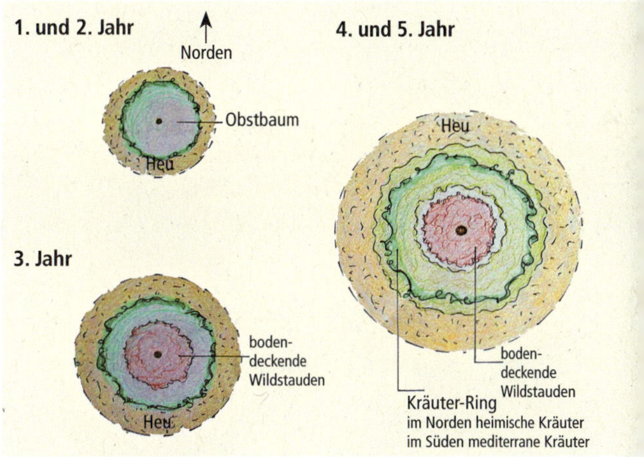


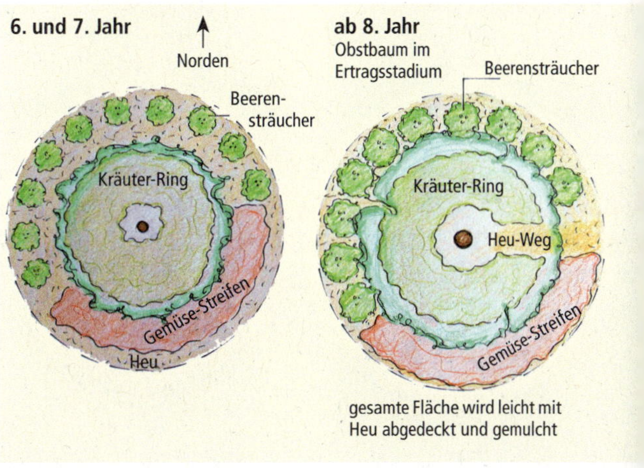


4.8 und 4.9
Konzept einer mitwachsenden Baumscheibe. Zu Beginn wird die Fläche um den jungen Obstbaum mit Heu abgedeckt. So muss dieser schon mal nicht mit den Gräsern in Konkurrenz treten. Im Lauf der Jahre wird der Baum immer größer und die Baumscheibe wächst mit. Wildstauden siedeln sich von selbst an, ein Kräuterring wird ab dem 4. Jahr dazu gepflanzt, Beerensträucher und ein Gemüsebeet folgen. So können die unterschiedlichen und sich ständig verändernden Kleinklimazonen um den Obstbaum herum gut genutzt werden.

4.10: Leerer Balkonkasten: ungenutzte Nische

### Nischen in der Zeit nutzen

Oft wird die Betrachtung einer Gartenanlage auf einen bestimmten Moment fokussiert, den Moment, in dem alle Gehölze die gewünschte Größe erreicht haben und der Garten komplett angelegt ist. Bis dahin wird ständig auf diesen Moment hingearbeitet, dann kann man ihn kurz genießen und schon wenig später werden die Bäume zu groß sein, und man ist damit beschäftigt, diese zu kürzen und den eigenen Vorstellungen anzupassen.

Akzeptieren und berücksichtigen Sie, dass sich Ihr Garten ständig im Wandel befindet. Genießen und nutzen Sie auch die Momente vor und nach dem Idealzustand. So gibt es in Ihrem Garten z.B. wesentlich mehr Licht und Platz, solange die Bäume klein sind. Legen Sie in den ersten Jahren Kulturen an, die diese Verhältnisse mögen. Beispielsweise gedeihen viele Kräuter unter noch jungen Obstbäumen und können diese gleichzeitig im Wachstum unterstützen. Wird der Schatten dann immer dichter, wechseln Sie zu anderen Kulturen wie Bärlauch oder Walderdbeeren. Vor allem, wenn Sie einen kleinen Garten oder nur einen Balkon zur Verfügung haben, wird es sich lohnen, auf Nischen zu achten, die durch zeitliche Abläufe entstehen. So kann im Verlauf der Vegetationsperiode in einem Beet oder Balkonkasten nicht nur eine Kultur angebaut werden, sondern noch eine Vorkultur im zeitigen Frühjahr und eine Nachkultur im Herbst. Das kann den Ertrag des Jahres schnell verdoppeln. Auch parallele Kulturen funktionieren: werden beispielsweise Radieschen und Tomaten zeitgleich ausgesät, sind die Radieschen schon reif, wenn die Tomaten größer werden und mehr Platz benötigen. Haben Sie ein wachsames Auge darauf, wo sich Lücken auftun, die Sie nutzen können.

## Pflege des Permakultur-Gartens

Viele der Überlegungen, wie die zukünftige Gartenanlage pflegeleicht und effektiv bewirtschaftet werden kann, sind bereits in den Gartenplan eingeflossen. Einen Garten zu planen und anzulegen ist jedoch nur die halbe Miete. Er möchte auch gepflegt und erhalten werden. Konzentrieren Sie sich dabei auf die wesentlichen und nötigen Arbeiten. Welche das sind, klären wir in dem nun folgenden Abschnitt.

### Gartenpflege – gemütlich und nebenbei

Auch dieses Thema wurde schon während der Planung angesprochen. Dabei ging es darum, die Elemente so anzuordnen, dass man sie möglichst im Vorbeigehen pflegen kann. Geschickterweise haben Sie die Bereiche mit hohem Aufmerksamkeitsbedarf nahe an die Wege und Plätze gelegt, auf denen Sie sich täglich bewegen. So können Sie bei einem Spaziergang durch den Garten hier ein paar Wildkräuter aus dem Gemüsebeet ziehen, dort eine Hand voll reifer Tomaten ernten und dem Hochbeet eine Gießkanne Wasser zukommen lassen. Das wird Ihnen im Normalfall nicht als Arbeit vorkommen, sondern den Spaziergang lediglich interessanter gestalten. Führen Sie den allabendlichen Spaziergang als festes Ritual ein, werden Sie daneben kaum noch Arbeit mit Ihrem Garten haben. Die größeren Aktionen wie Aussaat im Frühjahr, Mähen von Wiesenflächen im

4.11: Das Mähen mit der Sense kann eine sehr entspannende, fast schon meditative Arbeit sein, die gleichzeitig Muskeln, Haltung und Koordination fördert. Der ideale Frühsport also.

Sommer oder Schneiden der Gehölze im Herbst lassen sich z.B. als kleine Familien-Events organisieren, so dass die Gartenarbeit als leicht erlebt oder mit Spaß erledigt werden kann.

## Gartenpflege mit dem Ausbau des Gartens kombinieren

Viele Dinge, die bei der Gartenpflege als vermeintliche Abfälle anfallen, können für die Erweiterung und Ergänzung anderer Bereiche im Garten verwendet werden. Das spart nicht nur die Kosten für Entsorgung, sondern auch die Kosten zur Beschaffung anderer Materialien. So können beispielsweise anfallendes Schnittgut, Laub und Rasenschnitt für den Aufbau eines Hoch- oder Hügelbeetes verwendet werden. Mit Schnittgut lassen sich auch wertvolle Totholzhecken oder -haufen anlegen, die Vögeln und kleineren Wildtieren einen Lebensraum bieten. Heu von gemähten Wiesenflächen ist ein ideales Mulchmaterial. Türmt man es 80 cm hoch auf einem Stück Wiese auf, stirbt das Gras darunter ab, das Heu wird zersetzt und ein halbes Jahr später hat man, ohne umzugraben und zu düngen, einen verbesserten Boden für ein Beet. Aus abgeschnittenen Zweigen lassen sich durch

4.12: Beim Anlegen der Hügelbeete durfte sich jeder mal im Baggerfahren versuchen. So wurde aus vermeintlicher Arbeit eine spannende Aktion.

4.13: Viele Menschen fahren ihre wertvollen Ressourcen zur nächsten Sammelstelle, anstatt sie vor Ort zu nutzen.

4.14: Humoser, lebendiger Boden unter einem Heu-Mulch-Beet

Stecklings-Vermehrung neue Pflanzen für andere Gartenbereiche ziehen. Überlegen Sie daher gut, bevor Sie etwas aus Ihrem Garten abtransportieren und entsorgen. Meist gibt es eine gute Verwendung dafür.

## Gärtnern in einem Ökosystem

Permakultur-Gärten sind Ökosysteme. Wie anfangs schon erwähnt, bringt dieses viele Vorteile mit sich, verlangt aber oft auch eine etwas andere Betrachtungsweise, als wir sie von unseren meist recht „sauberen" Gärten und den Pflegehinweisen der Gartenchemie-Hersteller kennen. Diese „etwas andere Betrachtungsweise" lässt sich wunderbar an dem Beispiel „Schnecken" erklären. In einem Ökosystem hat jedes vorkommende Teil einen Nutzen, eine Bedeutung und meist eine bestimmte Aufgabe. Statt zu fragen „Was kann ich gegen Schnecken tun?" sollten eher folgende Fragen im Mittelpunkt stehen: „Warum sind Schnecken in meinem Garten? Was machen sie dort? Wie kann ich das, was sie dort machen, nutzen?" und „Wie kann ich trotzdem vernünftig Salat anbauen?" So kommt man zu einem völlig anderen Ergebnis und spart dadurch wahrscheinlich viel Arbeit und Aufregung. Auch den Mitbewohnern des Gartens kann so einiges an unnötigem Leid erspart bleiben.

Bei Betrachtungsweise A (Was kann ich gegen Schnecken tun?) kommt man schnell auf eine Vielzahl chemischer, biologischer und mechanischer Möglichkeiten, um die Schnecken aus dem Garten oder mindestens einem bestimmten Gartenteil zu entfernen. Meist kostet dies Geld, macht Arbeit und führt bei nicht wenigen Methoden zum Tod der Schnecken.

Mit Betrachtungsweise B (Wer, wie, was, warum Schnecken?) werden die meisten wohl erst einmal zu der Erkenntnis kommen, dass Schnecken die Funktion/Möglichkeit haben, Biomasse sehr schnell zu zerkleinern und umzuwandeln – und dass sie leider ähnlich zarte Pflanzen bevorzugen wie wir Menschen auch. Dabei kann die Bindefähigkeit ihres Schleims die Bodenstruktur verbessern. Durch Beobachtungen im Garten kommt man zudem schnell zum Ergebnis, dass Schnecken vermehrt dort auftreten, wo es feucht ist, viel Nahrung vorhanden ist und dass diese am liebsten schwache Jungpflanzen verspeisen, also das schwächste Glied im Ökosystem. Aus diesen Beobachtungen kann man schließen, dass Schne-

4.15
Die Stecklings-Vermehrung aus Schnittgut funktioniert vor allem bei Wildgehölzen und Beerenobst sehr gut.

4.16
Eine halbmorsche Kirsche musste gefällt werden. Die noch gut erhaltenden Aststücke wurden mit Pilzbrut beimpft. Hier sieht man, wie das Pilzmyzel bereits aus dem beimpften Dübel heraus wächst.

cken uns bei der Bodenpflege und der Entstehung fruchtbarer Böden helfen können. Außerdem zeigen sie uns, welche Pflanzen die schwächsten sind, was uns vielleicht mehr zur Direktsaat robuster Regional-Sorten anhält. Wer so weit gekommen ist, ist auch kreativ genug, um sich für die verbliebenen Kulturen, die wirklich nicht ohne Schneckenschutz funktionieren, einfache und praktikable Lösungen auszudenken. An Hochbeeten funktioniert beispielsweise ein außen angebrachtes Kupferband sehr gut, flache Beete lassen sich durch ein gebogenes Blech, das etwas in die Erde gesteckt wird, gut schützen. Selbstverständlich können in einem Ökosystem auch natürliche Gegenspieler wie Igel, Kröten oder Molche gefördert und angesiedelt werden.

4.17
„Notwendige Arbeit“: Mähen der Wiesenflächen mindestens ein Mal im Jahr. Anderenfalls entwickelt sich die Wiese im Lauf der Zeit zu einer Wildgehölzfläche.

4.18
Auch durch den Schnitt von Obstbäumen können höhere Erträge erzielt werden. Schneidet man den Baum vernünftig, wird sogar die Lebensdauer der gezüchteten Obstbäume erhöht.

4.19
„So funktioniert´s besser“: Gießen der Gemüsebeete sorgt für höhere Erträge und verhindert Vertrocknungen.

| Arbeiten, ohne die Stecklings Garten als System nicht funktioniert | | |
|---|---|---|
| **Arbeit** | **Häufigkeit und Dauer** | **Durchführungszeitpunkt** |
| Mähen der Wiesenflächen | 2x/Jahr, je 2 Stunden | an unserem Garten-Samstagen im Juni und Sept. |
| Leichter Pflege-Schnitt der großen Gehölze | 1x/Jahr, 6 Stunden | am Garten-Samstag im November |
| Versorgen der Hühner | jeden Tag, 10 Minuten | beim abendlichen Gartenrundgang |
| Gießen bei langer Trockenheit | ca. 3x/Jahr, je 1 Stunde | wenn es nötig ist |

Tabelle 4.1: Arbeiten, ohne die Stecklings Garten als System nicht funktioniert

| Arbeiten, durch die Stecklings Garten als System besser funktioniert | | |
|---|---|---|
| **Arbeit** | **Häufigkeit und Dauer** | **Durchführungszeitpunkt** |
| Erziehungsschnitt der Obstgehölze | 1x/Jahr, 3 Stunden | an unserem Garten-Samstag im März |
| Aussaat und Bepflanzung der Gemüsebeete und des Gewächshauses | 2x/Jahr, je 4 Stunden | an den Garten-Samstagen im März und im Mai |
| regelmäßiges Gießen der Gemüsepflanzen | jeden dritten Tag, 15 Min. | beim abendlichen Gartenrundgang |
| Weg und Sitzplatz am Apfelbaum mähen | alle 3 Wochen, 10 Minuten | sobald es nötig ist |
| Heu von der Wiesenmahd auf die Beete bringen | 2x/Jahr, je 4 Stunden | an unseren Garten-Samstagen im Juni und im September |
| Erträge ernten und verwerten | immer mal wieder und eine große Aktion | sobald was reif ist und großer Einmach-Tag am Garten-Samstag im Oktober |
| Die Hühnerweide auf die Gemüsebeete verlegen | 2x/Jahr, je 30 Minuten | an Garten-Samstagen im April und im November |

Tabelle 4.2: Arbeiten, durch die Stecklings Garten als System besser funktioniert

| Ergänzende Arbeiten in Stecklings Garten | | |
|---|---|---|
| **Dinge, die ich gerne noch machen würde** | **Häufigkeit und Dauer** | **Durchführungszeitpunkt** |
| Einen Lehmofen zum Pizzabacken bauen | 1x 8 Stunden | am Garten-Samstag im Juli |
| Die Entwicklung des Gartens mit Fotos dokumentieren | immer mal wieder | beim abendlichen Gartenrundgang |
| Kleinere Erhaltungsarbeiten an Terrasse, Gewächshaus, Wegen und Pergola | 1x/Jahr, 6 Stunden | am Garten-Samstag im April |

Tabelle 4.3: Dinge, die Stecklings noch gerne tun möchten

| Stoffkreisläufe in Familie Stecklings Garten | |
|---|---|
| **Anfallende Stoffe** | **Verwendung** |
| Schnittgut von Pflegemaßnahmen | zur Erhaltung der Totholz-Hecke und für den gelegentlichen Neu-Aufbau des Hochbeetes |
| Heu von der Wiesen-Mahd | als Mulchmaterial auf den Hangbeeten, dem Gemüsebeet, den Baum- u. Strauch-Scheiben |
| Fallobst | als Hühnerfutter |
| herabfallendes Laub | wird direkt auf die Baumscheiben gerecht |
| Beikräuter vom Gemüse- und Hochbeet | werden direkt über den Zaun zu den Hühnern geworfen, als Futter oder Bodendeckung |
| Beikräuter von den Hangbeeten | werden herausgezogen und auf den selbigen als Mulch liegen gelassen |
| Dickholz vom Schnitt der Groß-Sträucher | wird zu Brennholz verarbeitet |
| Mist aus dem Hühnerstall | wird noch etwas kompostiert und kommt dann als Dünger auf die Gemüsebeete |
| Regenwasser vom Süd-Dach | füllt direkt den Natur-Teich |
| Regenwasser vom Nord-Dach | füllt sämtliche Fässer zur Beet-Bewässerung |

Tabelle 4.4: Stoffkreisläufe in Familie Stecklings Garten

## Erstellen eines Pflegekonzeptes

Bei den meisten Menschen, die ihren Garten pflegen, dauern die Überlegungen, was überhaupt gepflegt werden muss und wie das gemacht werden soll, am längsten. In einem guten Pflegekonzept listen Sie alle wirklich nötigen Arbeiten auf, ohne die Ihr System „Hausgarten“ zusammenbrechen würde (Gruppe 1). Das sind in Permakultur-Gärten meist sehr wenige. Anschließend ergänzen Sie die Liste mit Arbeiten, durch die Ihr System besser funktioniert (Gruppe 2). Und zuletzt nehmen Sie die Dinge auf, die Sie persönlich gerne machen würden, wenn die Zeit noch dazu reicht (Gruppe 3). Zu jedem Arbeitsvorgang vermerken Sie noch den idealen Zeitpunkt der Durchführung und schon haben Sie eine Aufstellung, mit der Sie von nun an einen klaren Überblick über die anstehenden Gartenarbeiten haben.

Die Arbeiten aus Gruppe 1 sollten Sie auf jeden Fall erledigen. Gruppe 2 ist wahrscheinlich am

4.20
„Dinge, die man noch gerne machen würde“: beispielsweise den Aufbau eines Tipis – eher Spaß an der Freude als harte Arbeit.

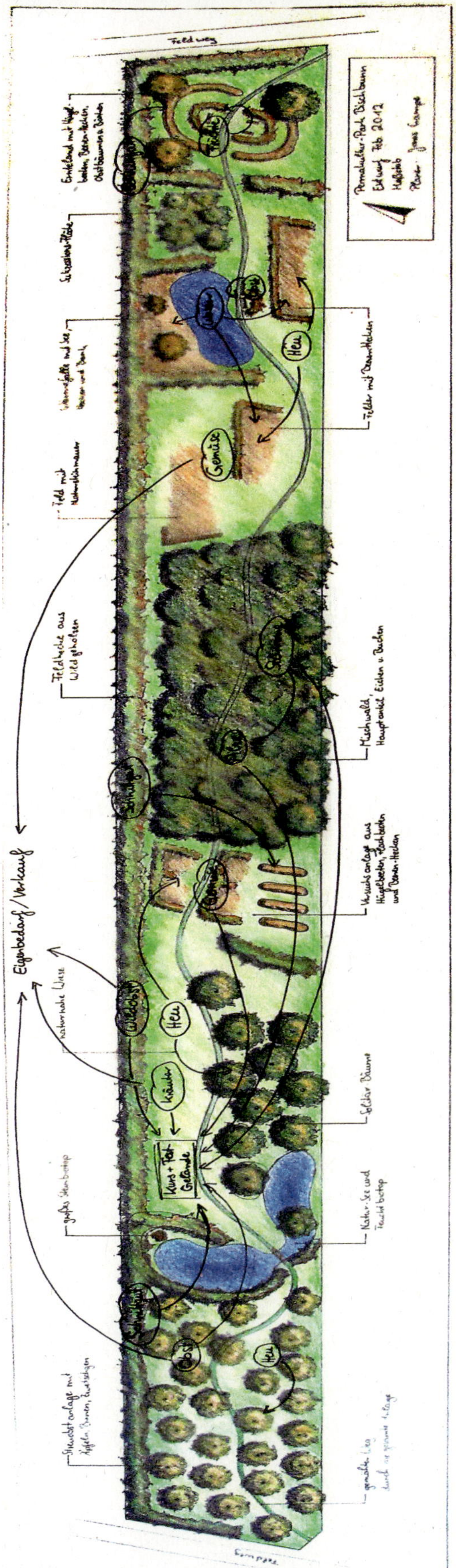


4.21
Hier wurde ein Transparentpapier über den Gartenplan gelegt und darauf vermerkt, wo welche Stoffe anfallen und wo diese genutzt werden können.

größten. Diese Arbeiten lassen sich meist gut in den Alltag integrieren. Und die Aufgaben in der letzten Gruppe werden Sie ohnehin gerne erledigen, da Sie ein persönliches Interesse daran haben.

Ein Pflegekonzept hilft Ihnen auch, abzuschalten und den Garten einfach mal Garten sein zu lassen. So muss sich niemand mit dem ständigen Gedanken „Muss ich noch etwas machen?“ rumquälen.

Auch Frau Steckling hat ein Pflegekonzept für ihren Garten erstellt (Tabellen 4.1 bis 4.3) und genau eingeplant, wann die Arbeiten erledigt werden sollen. Zusätzlich hat sie noch eine Aufstellung angefertigt, wie und wo anfallende Stoffe im System weiter verwendet werden.

In den zwei Wochen Sommerurlaub übernimmt die Nachbarin die kleineren Pflegearbeiten und darf dafür in dieser Zeit das reife Gemüse ernten. Die von Frau Steckling eingeplanten monatlichen Garten-Samstage mit ihrer Familie sind von März bis November jeweils gut ausgefüllt. Die geplanten Arbeiten sollten in der verfügbaren Zeit zu erledigen sein. Auch mit der täglich geplanten halben Stunde kommt sie in Zukunft sehr gut zurecht.

Die wichtigen Stoffkreisläufe in Familie Stecklings Garten sind in Tabelle 4.4 aufgelistet.

Alles, was dicht bewachsen ist, bietet keinen potentiellen Lebensraum mehr für Unkräuter

# 5 Vorstellung einiger Permakultur-Gärten

Auch wenn die Permakultur erst seit einigen Jahren zunehmend in den Fokus der Öffentlichkeit rückt, haben einige Menschen ihre Gärten bereits mit permakulturellen Ansätzen umgestaltet oder angelegt. Dabei haben sie auch neue Methoden getestet, wertvolle Pionier-Arbeit geleistet und eine Vielzahl an Erfahrungen gemacht – Erfahrungen, die sie mit den nachfolgenden Vorstellungen ihrer Gärten teilen möchten. Dabei ist nicht immer alles perfekt gelaufen, aber gerade an misslungenen Experimenten kann oft am meisten beobachtet und gelernt werden. Einige Methoden haben die Erwartungen aber auch weit übertroffen. Bei der bunten Sammlung der zehn im folgenden vorgestellten Gärten gibt es auch einige Elemente, wie beispielsweise Hoch- und Hügelbeete, die in mehreren Gärten umgesetzt wurden. Hierbei ist sehr gut zu sehen, dass zum einen die gleichen Elemente sehr unterschiedlich funktioniert haben, und zum anderen, dass es sehr unterschiedliche Möglichkeiten gibt, die gleichen Elemente einzusetzen.

Lassen Sie sich also beim Studieren der vorgestellten Gartenprojekte nicht von Ihrem eigenen Gartenplan abbringen, den Sie ja auf die Gegebenheiten in Ihrem Garten zugeschnitten haben. Lassen Sie sich vielmehr inspirieren, greifen Sie gegebenenfalls Details der Gestaltung auf und nutzen Sie vor allem die Tipps, wie bestimmte Dinge umgesetzt werden können. Oder Sie genießen einfach die Fülle der verschiedenen Gärten und freuen sich dabei auf die Erträge Ihres eigenen Permakultur-Gartens.

Platzsparende Gemüseanzucht, geschützt hinter Folie

Insektenhotel mit Dachbegrünung

# 5.1 Permakultur-Appartement Berlin

Text und Bilder von Leonie Woidt-Wallisser

**Standort und Lage:** Mietwohnung im 4.OG, Richtung Süd-Ost
**Gesamtgröße der Anlage:** Wohnung 180 m², Süd-Balkon 4,2 m², Ost-Balkon 4,2 m²
**Bewirtschaftet von:** Leonie Woidt-Wallisser + Familie
**Kern-Elemente der Anlage:** Mikro-Klimata, städtische Kreisläufe schließen, sozialer Treff- und Lern-Punkt, Saatgut akklimatisieren

**Aufwand für Gestaltung und Erhaltung:** Da wir in den zurückliegenden Jahren in verschiedenen Städten gewohnt haben, haben sich im Lauf der Zeit diverse Materialien und Objekte für den Garten angesammelt. Für die neue Wohnung in Berlin konnten wir beinahe alles davon wieder verwenden. Nur für den Bau der übereinanderliegenden Pflanztröge haben wir einmalig 200 € für Holz ausgegeben.
Saatgut bekomme ich aus verschiedenen Ecken der Welt kostenlos. Für zusätzliches lokales Saatgut geben wir ca. 40 € jährlich aus. Kompost-Erde produzieren wir selbst – einmalig haben wir vor ca. 15 Jahren 3 Säcke Bio-Kompost Erde gekauft. Diese bildet noch heute die Grundlage für das, was da ist.

Wir, ein australisch-deutsches Ehepaar mit zwei Kindern, sind 2010 nach Berlin gezogen, nachdem wir vorher 13 Jahre in Amsterdam gewohnt haben, 8 Jahre davon in einer Wohnung mit Dachterrasse. Ich bin leidenschaftliche Gärtnerin und „Food Sovereignty Advokatur" (sozusagen die Institution für Nahrungsbeschaffung), obwohl meine Familie ohne Zweifel über die Jahre genügend gelernt und mitbekommen hat, um zur Not das alles auch ohne mich zu betreiben.

1 Süd-Balkon Anfang Mai 2016

2 Südbalkon von innen

3 Südbalkon, Sicht nach Osten

4 und 5: Tomatenpflanzen (linkes Bild) und Blütenduft (rechtes Bild) auf dem Südbalkon

Als Kind bin ich in einem Dorf am Rande des australischen Outbacks aufgewachsen. Unser Garten gab uns alles Nötige, um uns zu ernähren. Auch Hühner und Schafe weideten zwischen zahlreichen Obstbäumen und dem Gemüsegarten. Ständig wurde zwischen Familienmitgliedern, Nachbarn und Freunden getauscht, meist eimerweise: Eier gegen Limetten, Aprikosen gegen Granatäpfel usw. Geld spielte kaum eine Rolle.

Wasser ist Mangelware in dieser Region der Welt, weswegen wir jeden Regentropfen in fünf 20.000 Liter Tanks gesammelt haben. Ein Teil des Daches war mit Solarpanelen gedeckt, die mehr als genug Energie für diesen Haushalt produzierten. Im Alter von 15 Jahren kam ich ins Internat in die 300 km entfernte Hauptstadt von Süd Australien. Seitdem habe ich nur in Großstädten gewohnt. Diese Vorgeschichte erscheint mir wichtig, um zu ver-

6 und 7: Sicht von innen (linkes Bild) auf den Ostbalkon und Pflanzkästen im Regal am Ostbalkon (rechtes Bild)

8 und 9: Ostbalkon im Mai (linkes Bild) und Wurmkompost hinter dem Rhabarber (rechtes Bild)

stehen, warum ich nun Jahrzehnte später als Mutter in Deutschland meinen Kindern zeigen will, wie lokal ihre Nahrung produziert werden kann, welche Vielfalt ihnen damit zur Verfügung steht, wie sie sich selbst um Kreisläufe und die Erzeugung von Nahrungsmitteln kümmern können und wie das alles zu einem intakten Sozialleben beiträgt.

10: Küchenkomposter für Bokashi
Mit so einem Küchenkomposter lassen sich alle organischen Abfallstoffe wie Essensreste, Grüngut etc. zu hervorragendem Dünger umwandeln. Die Abfallstoffe werden dabei mit Hilfe von Effektiven Microorganismen fermentiert. Das Sickerwasser kann regelmäßig als Flüssigdünger verwendet werden, und die festen Stoffe ergeben nach einigen Wochen das sogenannte Bokashi, einen sehr förderlichen Dünger für Garten- und Balkonbeete.

Besser als jeder Fernseher sind die Vögel, die auf unserem Balkon nisten, und die Begeisterung für die Unmengen an unterschiedlichen Insekten, die sich die Mühe machen, in den vierten Stock zu fliegen, um dort teilweise auch selber eine Wohnung zu besiedeln.

Unsere Hauptanbauflächen draußen sind die beiden Balkone. Der östliche Balkon ist innenliegend, hat also seitliche Wände, der südliche Balkon ist außenliegend. Beide Balkone haben eine

11 und 12: Ost-Balkon im Herbst (mittleres Bild) und im Winter (rechtes Bild)

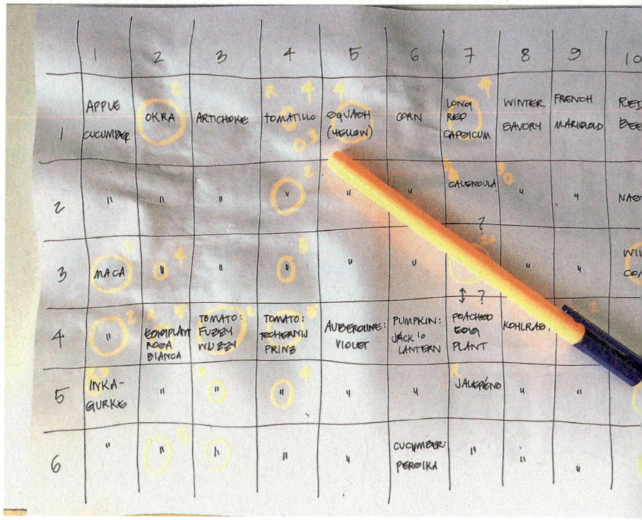


13 und 14: Sicht in die Waldzone ganz unten auf dem Ostbalkon (linkes Bild) und Saatentabelle (rechtes Bild).

gemauerte Brüstung. Auf dem östlichen Balkon herrscht ein gemäßigtes Kleinklima. Hier habe ich Tröge auf drei Etagen gebaut. Im unteren, verschatteten Trog ist die „Wald-Zone", der zweite auf Hüfthöhe ist für tägliches Ernten und im oberen gedeiht ein wildes Blüten- und Kräuter-Beet, das nur mit einer Leiter zu erreichen ist. Diese Konstruktion ist an einem Ende mit Sträuchern und Kletterpflanzen bewachsen. Der übrige Teil des Balkons ist mit weiteren Kletterpflanzen, Trögen auf Rädern und verschiedenen Töpfen bedeckt. Einige von diesen vertragen keinen Frost oder extreme Temperaturen und können im Winter nach innen geholt werden. Durch die geschützte Lage des Balkons fühlt man sich dort sehr wohl und verweilt auch gerne länger.

Auf dem südlichen Balkon herrscht ein eher mediterranes Kleinklima. Im Sommer prallt die Sonne darauf, nur die untere Etage ist gegen die Einstrahlung etwas geschützt. Obwohl hier reichlich gemulcht wird, bleibt für die oberen Pflanzen, die fast immer Wind und Sonne ausgesetzt sind, der Standort extrem. Aus stabilen Bambusstäben habe ich ein Klettergerüst für Trauben u.ä. gebaut.

Hier tobe ich mich richtig aus! Ohne Mühe können wir hier Zitrusfrüchte, Oliven und Feigen

15 Der Südbalkon ist im Sommer mit Pflanztöpfen belegt.

16 Wildblumen in der obersten Etage auf dem Ostbalkon

17: Kräuter-Anzucht auf der Wohnzimmerfensterbank Anfang Mai

18: Im Winter werden Pflanzenflächen an den sonnigen Fenstern innen angelegt, um Platz für die verschiedenen Kulturen zu schaffen.

wachsen lassen und ernten. Ich erprobe auf diesem Balkon auch viel australisches Saatgut und versuche die Pflanzen an das hiesige Klima zu gewöhnen. Vor allem das Gemüse, das ich aus diesem Saatgut ernte, ist in Berliner Läden natürlich nicht zu bekommen. Viele Kräuter und Blüten wachsen im Überfluss. Diese werden getrocknet und für den „Wintergenuss im Haus" eingepackt oder auch verschenkt.

Um den Wasserverbrauch bzw. die Verdunstung zu verringern, wird beinahe alles auf diesem Balkon aus Wasserreservoiren versorgt. Die meisten Pflanzen halten im Hochsommer bis zu zwei Wochen mit der Wasserreserve aus. Über die Jahre habe ich viele verschiedene Systeme getestet und gebaut.

Da dieser außen vorgesetzte Balkon an der Hauptstraße liegt und Temperatur und Wind für uns meist zu extrem sind, um länger dort zu verweilen, öffnen wir Tür und Fenster und genießen diesen Balkon von innen. Es macht also nichts, dass dieser Balkon bis auf wenige Quadratzentimeter, die ich für meine Füße bei den gelegentlich nötigen Besuchen brauche, total vollgepflanzt ist. Größere Pflanzen hängen oft an der Balkonbrüstung herunter, die Nachbarn, die von unten an die Kürbisse usw. kommen, sind eingeladen, diese zu ernten.

Wichtig für beide Balkone ist, dass immer etwas blüht und es immer reichlich zu ernten gibt. Dabei ist der Winter keine „Auszeit". Sowohl mehrjährige Pflanzen haben einen festen Platz in dem System als auch viele einjährige Arten, die gemeinsam eine Mischkultur aus Obst, Gemüse, Blumen und Kräutern bilden. Eine bunte Mischung aus einheimischen und exotischen Pflanzen lebt hier Seite an Seite.

Die an die Balkone angrenzenden Zimmer sind klimatisch eine Erweiterung des außen herrschenden Mikroklimas. Wohn- und Badezimmer sind als tropische Zonen gestaltet, die Schlafzimmer werden eher kühl gehalten, und neben dem Platz für die Hausaufgaben wurden „Nasch-Bereiche" eingerichtet. Die Fensterbänke und Regale in der Küche sind die einzigen Orte, an denen die Kinder alles abernten und naschen dürfen. In der restlichen Wohnung gibt es Grenzen, da sonst alles recht schnell komplett abgeerntet wäre.

Küchenabfälle und überflüssiges Grüngut werden in drei Varianten kompostiert: passiv (also nur sammeln und auf die Verrottung warten), durch Fermentation zu Bokashi (vgl. Abb. 10) (wobei natürlich auch der anfallende Ferment-Saft genutzt wird) und mit Kompost-Würmern.

Pilze, Keimpflanzen, Sprossen, Sämlinge, Stecklinge usw. füllen weitere Ecken der Wohnung. Jeder Ort, ob drinnen oder draußen, ob hell oder dunkel, hat seine Vorteile. Es kommt keine Mahlzeit auf den Tisch, ohne dass reichlich Zutaten aus dem 4.OG dabei sind.

## Besonders gute Erfahrungen

Ohne Mulch würden die Tröge und Töpfe im Außenbereich hoffnungslos austrocknen – auf dem südlichen Balkon ist Stroh sehr effektiv, auf dem östlichen eine Kombination aus Stroh, kompostierten Blättern und lebendem Mulch (also kleine bodendeckenden Pflanzen). Letztere werden immer gewechselt und teilweise auch im jungen Stadium geerntet.

Alle drei Kompost-Systeme haben ihre eigenen Vorteile, allerdings begeistert mich für städtische Situationen die Bokashi-Kompostierung (siehe Bild 10) am meisten. Vorteile sind ein geringer Platzbedarf und die Eignung fast aller anfallenden organischen Stoffe, um einen tollen Dünger daraus zu erzeugen.

Die gute Integration unserer Nachbarn begeistert mich ebenfalls. Viele, die sich bisher nur auf eine dekorative und konventionelle Gestaltung ihrer Balkone beschränkt hatten, haben nun auf essbar und biologisch umgestellt. Wir tauschen Saatgut und Kleinpflanzen aus, ernten und essen zusammen und unterstützen einander während der Ferienzeit. Zusammen planen wir momentan eine Umgestaltung des Innenhofs.

Das gilt auch für mein Arbeitsumfeld, meine Freunde und besuchende Familien. Bei der Arbeit in einem Architektur-Büro, keine zwanzig Minuten zu Fuß entfernt, wurde ein ähnliches Begrünungsprojekt verwirklicht, allerdings mit viel mehr Außenraum. Hier können die Mitarbeiter in manchen Jahreszeiten ihr Mittagessen selber ernten oder auch schnell zum nächsten Heilpflanzen-Strauch laufen, wenn sich ein Husten ankündigt oder Bauchschmerz plagt. Dies ist auch ein interessanter Ort für Besichtigungen von urbanen Permakultur-Gruppen, die ich leite – bisher Erwachsene, im nächsten Monat fange ich mit einer Kindergruppe an.

19: Auberginen-Ernte

20: Pflanzen-Duft ist auch ein Gewinn

## Weniger gute Erfahrungen mit Lerneffekt

Einiges an Pflanzgut aus Amsterdam habe ich verloren, einfach weil das Klima in Berlin ganz anders ist und ich nicht rechtzeitig aufgepasst habe. Spannend war es, einen „richtigen" Winter zu erleben und damit umzugehen. Im Innenraum ist auch viel mehr auf unerwünschte Krabbeltiere zu achten und in Berlin ist der Innenraum ein ebenso wichtiger Teil des Gartens wie es die Balkone sind. Frustrierend bleibt die Qualität des vom Dach gewonnenen Regenwassers, nicht zuletzt, weil mir der Platz fehlt, um eine Test-Zone zur Wasserreinigung einzurichten.

21: Wasserpflanzen im Esszimmer

## Fazit der bisherigen Zeit

Zwei Freundinnen haben mir dieses Jahr Saatgut aus Indien und Kolumbien mitgebracht, um es in Berlin zu testen. Auch ein japanischer Koch hat mich gefragt, ob ich Versuche mit einem japanischen Gemüse machen möchte. Da ich gerne meine Grenzen erweitere, bin ich gespannt auf die neuen Erfahrungen und Resultate.

Zuhause gehe ich Jahr für Jahr mehr zu mehrjährigen Pflanzen über und probiere auch für uns immer Neues aus. Ständig werden die verschiedenen Plätze optimiert und neue Konstruktionen errichtet, um auf die Bedürfnisse des Systems zu reagieren.

Insgesamt bleiben meine Mikro-Gärten die Orte, an denen ich wirklich zur Ruhe komme und die mich durch ihre artenreiche Natur faszinieren. Auch meine ansonsten eher wenig beanspruchte „Computer-Muskulatur" bekommt dort immer mal wieder etwas Neues zu tun.

22: Das Wohnzimmer

# 5.2 Judits Garten

Text und Bilder von Judit Bartel

**Standort und Lage:** sonnig gelegen, allerdings v.a. im Frühjahr und Herbst teilweise Verschattung durch zwei südlich bzw. westlich gelegene Scheunen; lehmiger Boden, der Feuchtigkeit gut hält, aber zur Verdichtung neigt. 2 m Höhenunterschied auf 17 m Länge.

**Gesamtgröße des Gartens:** 340 m²

**Bewirtschaftet von:** Judit und Familie

**Kern-Elemente der Anlage:** Gemüsebeete und Waldrandzone

**Aufwand für Gestaltung und Erhaltung:** Für die Erstanlage waren ca. 80 Std. Arbeit (ohne Beobachtungs- u. Planungszeit) erforderlich. Aufgewendet wurden 130 € für Gehölze, 30 € für die UV-beständige Folie für das Tomatendach; ansonsten wurden vorhandene Materialien eingesetzt, Arbeitsgeräte waren weitgehend vorhanden. Für Pflege u. Erhaltung sind ca. 30 Std. Arbeit jeweils in den Monaten März, April, Mai erforderlich und 15 Std. monatlich in den anderen Monaten der Gartensaison. Für Saatgut und Materialien werden etwa 60 € pro Jahr ausgegeben.

Das alte fränkische Bauernhaus, in dem wir zur Miete wohnen, steht auf einem 1300 m² großen Grundstück, zu dem noch eine alte Scheune und ein ehemaliger Gemüsegarten hinter der Scheune gehören. 2011 habe ich angefangen, diesen Gemüsegarten wieder zu bewirtschaften, nachdem er mindestens 7 Jahre brach lag.

Ich habe mir ein Jahr lang Zeit genommen, um zu beobachten, erste Gärtnererfahrungen zu sammeln und einen stimmigen Permakultur-Entwurf für die Fläche zu entwickeln. Mit diesem Entwurf verband ich folgende Anliegen: Ich wollte unsere vierköpfige Hausgemeinschaft mit Gemüse, Beeren und Nüssen zu einem hohen Anteil möglichst

1 Der Garten-Entwurf im Grundriss

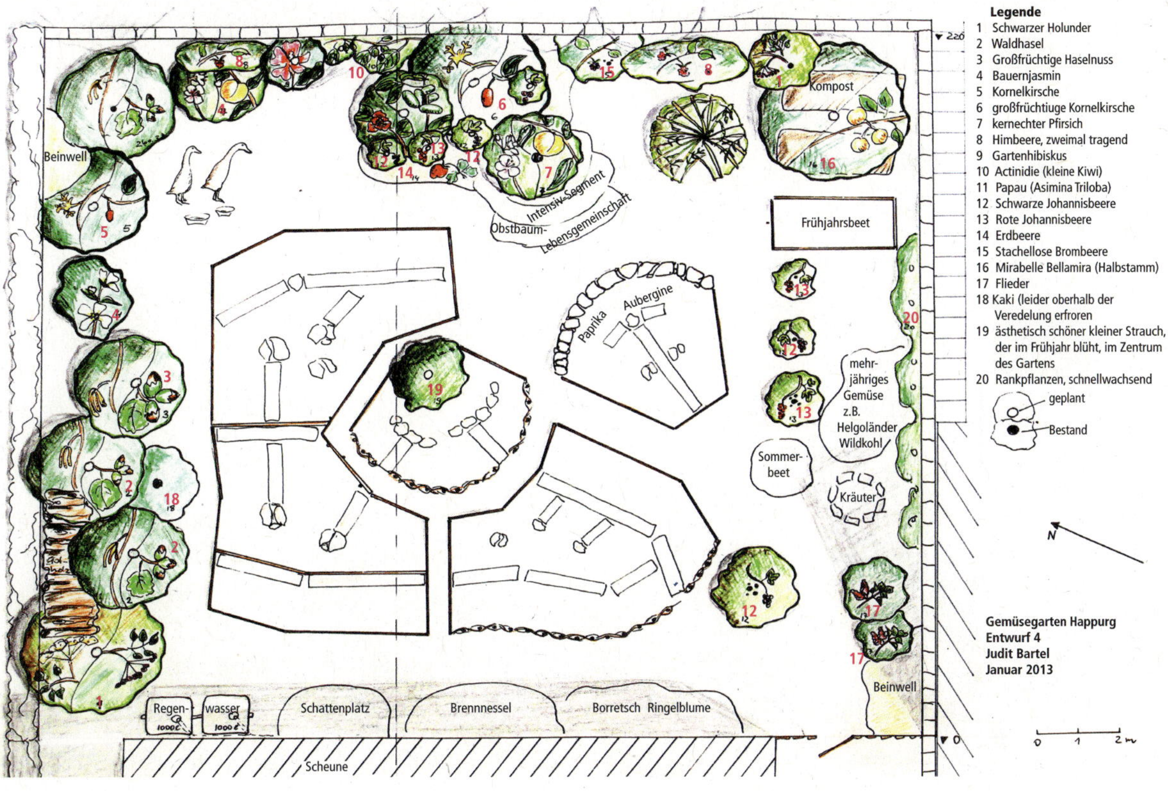

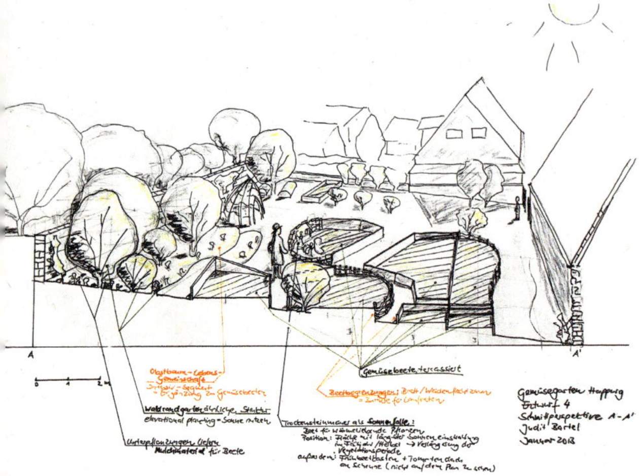


2 Entwurf Schnitt mit Perspektive

3 Mini-Waldrand am Eingang

übers ganze Jahr hinweg selbst versorgen, und das bei einem für mich passenden Arbeitsaufwand neben Beruf und Familie. Als weiteres Ziel wollte ich Kreisläufe schließen, überall dort, wo es möglich ist – vor allem bezogen auf die Bodenfruchtbarkeit, die ich erhalten und steigern wollte. Und nicht zuletzt sollte der Garten für mich Raum zum Lernen und Ausprobieren bieten.

Im ersten Jahr habe ich eine ausführliche Bestandsaufnahme gemacht. Ich habe die Bodenverhältnisse an unterschiedlichen Standorten untersucht und die vorherrschende Spontanvegetation (wo gibt es viel Giersch, wo viel Quecke, wo viel Ackerwinde, wo Brennnessel? usw.). Durch die Lage hinter zwei Scheunen scheint die Sonne vor allem im Frühjahr und im Herbst nicht so lange auf die Fläche, daher habe ich jeweils zu Beginn und am Ende der Gartensaison (März und Ende Oktober) einen Tag lang dokumentiert, wann es wo sonnig ist. Damit konnte ich die sonnigste Fläche in den für Pflanzen kritischen Monaten bestimmen. Meine aufs Papier gebrachten Entwurfsskizzen zur Gestaltung des Gartens habe ich während der Gartenarbeit mit in den Garten genommen und beim Tun ist mir dann meist aufgefallen, welche Aspekte ich in der aktuellen Skizze noch nicht berücksichtigt hatte (z.B. den Verlauf der Hangneigung oder die Sichtbeziehungen zu den Nachbarn). Daraufhin bin ich

4 Blick nach Süden zum Eingang

5 Blick von der Waldrandzone nach Westen

6 Kohlpflanze im Klee

7 Blumenkohl im Brennnesselmulch

8 Brennnesseln schneiden

an den Schreibtisch zurückgekehrt und habe den Entwurf mit einer neuen Skizze weiterentwickelt. So ist sukzessive ein Entwurf entstanden, der viele unterschiedliche Aspekte berücksichtigt, die ich gar nicht alle gleichzeitig hätte in den Blick nehmen können.

In diesem ersten Gärtnerjahr habe ich auch ein Gefühl dafür entwickeln können, wieviel Fläche ich mit intensiven Gemüsekulturen bewirtschaften kann, wieviel Ernte dabei entsteht, von welchen Gemüsesorten ich mehr und von welchen ich weniger anbauen sollte.

Kernelemente meines Gartens sind eine Fläche mit Gemüsebeeten im Zentrum, eine Waldrandzone an der Nordost- und Nordwestgrenze, nicht fest verplante Flächen zum Experimentieren an der Südostgrenze und ein Totholzstapel in der Nordwestecke, ein Ort, an dem ich nicht eingreife. Außerdem gehören zu meinem Gartensystem noch ein Frühbeetkasten südlich der Scheune und ein Tomatendach an der Westseite der Scheune (beides nicht auf der eigentlichen Fläche).

Die Beetfläche für einjährige Gemüsekulturen ist 100 - 120 m² groß und quadratisch, um die Grenze zur umliegenden Fläche möglichst kurz zu halten, da hier immer wieder potente Pflanzen wie Quecke, Ackerwinde, Giersch, die sich über Wurzelausläufer verbreiten, in die Gemüsefläche hineinwachsen. Rings um ein rundes Beet als ästhetisch ansprechendem Zentrum sind vier Teile ähnlichen Zuschnitts angeordnet. Ich habe eine fünfjährige Fruchtfolge und gute Mischkultur-

9 Mähen der Gründüngung mit der Sense

10 Das „Tomatenhaus“

11 Frühbeetkasten an der Scheune

12 Zucchini im Feldsalat

13 Laufenten auf Schneckensuche

kombinationen entwickelt, mit denen ich arbeite und die jährlich von einer Fläche auf die nächste wandern. Ich finde es interessant, dass ich mich – aus einer anderen Richtung kommend – bei der Gestaltung der Beetzuschnitte wieder der klassischen Bauerngartenaufteilung angenähert habe. Die einzelnen Gemüsebeete sind terrassiert, um Erosion zu minimieren. Auf den Beeten arbeite ich mit einem Wegbelag aus Brettern, unter denen sich tagsüber Schnecken sammeln. Die Bretter drehe ich bei Bedarf um, sammle die Schnecken ab und füttere sie den Laufenten, oder ich lasse die Laufenten selbst die Schnecken absammeln. Mittlerweile kommen die Laufenten auf ein bestimmtes Schnalzen von mir recht zuverlässig angelaufen! Kleine Salatsetzlinge schütze ich vor dem Appetit der Enten mit einem in einen Rahmen gespannten Netz.

An der Nordostgrenze vor der Mauer zum höher gelegenen Nachbargrundstück entsteht eine Waldrandzone mit Beerensträuchern, kleineren Obstbäumen, Haselnüssen und essbaren Kletterpflanzen wie Kiwis *(Actinidia arguta)*. Da auf diesem Teilstück der Boden sehr verdichtet und von Giersch dominiert ist, erschien die Platzierung der Gemüsebeete an dieser Stelle nicht sinnvoll (obwohl es sehr sonnig ist). Indem ich niedrigere Stauden und Sträucher vor höhere gepflanzt habe, nutze ich die Sonneneinstrahlung optimal. Die dort wachsenden Gehölze verschatten die Gemüsebeete nicht. In einer Nische zwischen den Gehölzen entsteht ein vor dem Blick der Nachbarn geschützter Sitzplatz.

Die nicht fest verplanten Flächen dienen dem Entenauslauf, bieten Kompostplätze, wilde Ecken für Nützlinge und Platz zum Experimentieren, zum Beispiel mit mehrjährigen Gemüsen. Sie bringen Flexibilität ins System. Frühbeetkasten, Tomatendach, Kräuterbeet und Topfkulturen sind an Süd- und Westseite der Scheune sonnig, warm und nahe am Haus platziert und dienen der Ernteverfrühung bzw. -verlängerung, der Anzucht und der Kultur wärmeliebender Pflanzen wie Paprika. Innerhalb der Gemüsefläche hatte ich am sonnigsten Ort eine Wärmefalle für wärmeliebende Kulturen geplant, die durch eine halbrunde, nach Süden offene Trockensteinmauer gebildet werden sollte. Aus Zeitmangel hatte ich das zunächst nicht realisiert. Mittlerweile habe ich mich gegen eine Realisierung entschieden, da ich dafür mein bestes Beet mit der lockersten Erde umschichten müsste und den seit einigen Jahren dort stattgefundenen Bodenaufbau stören würde.

## Gute Erfahrungen aus meiner bisherigen Permakultur-Gartenpraxis

*Beobachten, Beobachten, Beobachten:* Es ist für mich spannend zu beobachten, wie sich die Spontanvegetation über die Jahre verändert, welche Pflanzen zu welcher Zeit vorherrschend sind und was das vielleicht über den Boden und seine Bedürfnisse aussagt. Beispielsweise haben wir das oben erwähnte Beet mit dem lockersten Boden der Giersch-Monokultur abgetrotzt – durch ein Papp-Mulchbeet, in welchem wir im ersten Jahr Kartoffeln angebaut haben. Wir haben das ganze organische Material aus der Scheune (altes Heu u.ä.) dahin gepackt. Interessanterweise war nach dem ersten Jahr kein Giersch mehr da, dafür aber recht viel Ackerwinde, die mittlerweile wieder anderen Pflanzen gewichen ist.

*Beobachten und Rückkopplung geben:* Da sich der Boden immer mit einem Pflanzenkleid bedecken will, konzentriere ich mich darauf, in den Beeten Bodendecker und Bodendurchwurzeler anzusiedeln, die mit dem Gemüseanbau kompatibel sind. Gute Erfahrungen habe ich gemacht mit leckerem Feldsalat, Ringelblumen und Borretsch – ich lasse die beiden letzteren solange wachsen, wie sie meine Hauptkultur nicht stören, und ziehe sie dann heraus. Alle samen sich immer wieder selbst aus, wenn man ein paar von ihnen blühen lässt.

Potente Pflanzen wie Löwenzahn und Brennnessel, die ich auch in meinem Garten haben möchte, weil sie so viele nützliche Funktionen haben (Multifunktionalität), brauchen ein wachsames Auge und negative Rückkopplung im richtigen Moment: Das heißt, Brennnesseln rechtzeitig vor der Blüte abmähen und als Mulchmaterial oder für Jauche verwenden und im Frühjahr ordentlich Löwenzahnsalat essen und Löwenzahnblütenköpfe braten. Auf diese Weise bin ich fast täglich im Garten und merke beim Löwenzahnstechen, ob der Boden schon soweit abgetrocknet ist, dass ich mit der Beetvorbereitung beginnen kann.

*Der richtige Zeitpunkt:* Wenn mein Boden die richtige Feuchtigkeit hat – also nicht mehr klebt, aber auch noch nicht hart verkrustet ist – und Giersch und Quecke schon getrieben haben, kann ich ein Beet am besten lockern und ein paar der dort unerwünschten Wurzeln beseitigen. Auch an anderen Stellen merke ich mehr und mehr, dass Gärtnern viel mit der Wahl des richtigen Zeitpunktes zu tun hat. Gut ist, wenn ich dann in meiner eigenen Zeitplanung die nötige Flexibilität habe, um darauf zu reagieren.

*Experimentieren und Entdecken:* Mich treibt vor allem die Frage um, wie ich den Boden in den Beeten immer bedeckt und gut durchwurzelt halten kann, da er zur Verdichtung neigt. Gute Erfahrungen habe ich zum Beispiel damit gemacht, den Kohl in die noch bestehende Gründüngung aus Weißklee vom letzten Jahr zu pflanzen.

Beete räume ich im Herbst nicht komplett ab, sondern lasse die Wurzelstrünke und restlichen Pflanzen stehen. Nach dem milden Winter 2015/2016 konnte ich aus einer Reihe Möhren, die im Herbst noch mini waren, im März ein Kilo le-

14 Überwinterter Mangold – erste Erne im Frühjahr

15 Den Raum optimal nutzen – Salat unter Brokkoli

16 Sitzecke am Haus

17 Entstehende Waldrandzone mit Asimina

ckerste Möhren ernten. Sie waren also über den Winter weitergewachsen!

*Salat aus dem eigenen Garten:* Da wir täglich Salat essen, schätzen wir es sehr, fast immer Zutaten für unseren Salat im Garten ernten zu können, im Winter Feldsalat und den selbst im Haus getriebenen Chicorée, im Frühling all die Wildkräuter und im Sommer und Herbst dann die Kopfsalate. Und wenn gerade einmal der nächste Satz Kopfsalat nicht rechtzeitig groß genug ist, gibt es immer noch Borretschblätter und -blüten, Ringelblumenblüten, Giersch, Triebe vom Teefenchel, Zitronenmelisse und, und und... Die wichtigste Funktion unseres Gartens wird also durch eine Vielzahl an Pflanzen abgedeckt (Elementevielfalt).

*Sinnvolle Beziehungen:* Mein Garten ist eingebettet in sein Umfeld. Meine Nachbarin bringt täglich ihre Laufenten zu mir, da sie selbst nicht so viel Platz hat und sich freut, ihren Laufenten Auslauf und leckeres Schneckenfutter zu bieten. Wir bekommen von ihr Hühnermist, den wir kompostieren. Auf den Kompost aus unseren Küchenabfällen kommen auch mit Urin vermischte Sägespäne, die reichlich anfallen, da wir unser Holz zum Heizen selbst sägen. So kommt auch Holziges dazu, das dem Kompost gut tut. Wir müssen allerdings noch im Auge behalten, ob unsere Erde dadurch auf Dauer nicht zu sauer wird, weil zur Hälfte Nadelholz darunter ist.

Wir können eine nahe gelegene Streuobstwiese unseres Vermieters beernten. Daher stand das Pflanzen von Obstbäumen im eigenen Garten nicht im Fokus. Von der Haselnusshecke dort hole ich mir Stecken zum Zaunflechten oder für Stangenbohnen. Die Begrenzung unseres Außen-Sitzplatzes westlich der Scheune besteht aus Beerensträuchern und Wildobst, die ebenfalls helfen, unseren Bedarf an Beeren zu decken.

Das angrenzende Scheunendach liefert ausreichend Regenwasser zum Gießen, so dass wir kein Leitungswasser verwenden müssen.

*Mit dem arbeiten, was da ist:* Mir ist es ein Anliegen, das zu nutzen, was da ist. So nutzte ich für die Beetbegrenzungen die alten Dielenbretter aus unserem Nachbarhaus, das frisch renoviert wurde. Zwischen Beetfläche und umliegender Fläche haben wir teilweise eine spatenbreite und spatentiefe Barriere aus unseren reichlich vorhandenen Sägespänen gestreut. Hereinwachsende Quecke und Giersch kann ich so leicht mitsamt der Wurzel herausziehen. Die Sägespäne vererden und werden dann als Humus unter Gehölzen ausgebracht.

*Arbeiten mit der Natur:* Eine andere Möglichkeit sind Barrierepflanzen. Die Aussaat eines Streifens Buchweizen verhindert das Hineinwachsen von Quecke und Giersch, da der Buchweizen ein sehr dichtes Wurzelgeflecht bildet. Allerdings kann man Buchweizen erst eher spät im Frühjahr aussäen.

Dokumentieren: Ich habe einen Gartenordner und notiere die jeden Monat anfallenden Aufgaben. Die Aufgabenliste vom letztjährigen März hilft mir, mich diesen März an alles zu erinnern. Eine Zeitlang habe ich den Garten zusammen mit einer Freundin bewirtschaftet. Da diente uns die monatliche Liste mit den noch offenen und schon erledigten Arbeiten als Kommunikationsmittel. Mit Hilfe meines allgemeinen Fruchtfolgeschemas erstelle ich jedes Jahr einen Pflanzplan und notiere darin, was ich wann ausgesät und gepflanzt habe.

*Thematische Schwerpunkte setzen:* Von meinem Permakulturkollegen Kurt Forster habe ich die Anregung übernommen, mir jedes Jahr ein Thema zu setzen, mit dem ich mich intensiver beschäftige, zum Beispiel mit dem Thema Kompost. Das hat mir den Druck genommen, gleich zu Beginn alles optimal lernen und können zu wollen.

## Weniger gute Erfahrungen

Leider gelingt es mir nicht, von der eigenen Fläche bzw. aus der Nähe genügend geeignetes Mulchmaterial vor allem für die Winterabdeckung der Beete zu bekommen. Mein Plan, dass in der Waldrandzone auch genug Mulchmaterial wächst, ist bislang noch nicht aufgegangen.

Meine Bemühungen, die Giersch-Monokultur in der Waldrandzone durch andere Bodendecker zu bereichern, waren bisher weniger erfolgreich als erhofft. Die gepflanzten Walderdbeeren sind wieder überwachsen. Etwas höhere Stauden wie Zitronenmelisse und Salbei konnten sich hingegen behaupten.

Ich finde, ich brauche im Frühjahr immer noch recht viel Zeit, um die Beete zu lockern und vorzubereiten. Ich beobachte, dass Brennessel und Löwenzahn sich doch sehr ausbreiten, und frage mich, ob sie irgendwann überhand nehmen werden. Die Befestigung der Bretter für die Beet-Terrassierungen mit Haselpfosten hat nur zwei Jahre gehalten. Auch die aus Haselruten geflochtene Beetbegrenzung für das runde Mittelbeet muss ich nächstes Jahr erneuern.

## Fazit der bisherigen Zeit

Das Anliegen der Selbstversorgung mit Gemüse für vier Personen konnte ich in den ersten zwei Jahren sehr gut realisieren, von Ende Mai bis Ende Oktober fast vollständig und im Winter und Frühjahr zu einem großen Teil. Zugute kommt uns der Erdkeller in der Scheune als Lagermöglichkeit für Kohl und Rote Bete. Unsere Ernährungsweise orientiert sich noch radikaler als früher am saisonalen Angebot, was ich (meist) sehr genieße. Das Ziel der Selbstversorgung sehen wir nach den ersten zwei Jahren etwas lockerer, da wir mittlerweile auch Teil einer Erntegemeinschaft geworden sind, um diese tolle Sache zu unterstützen. Bei den Beeren habe ich letztes Jahr gemerkt, dass sie uns noch lange nicht reichen, und habe auf dem Rest unserer Fläche noch mehr Beerensträucher gepflanzt. Letztes Jahr hatten wir die erste nennenswerte Haselnussernte und ich freue mich auf mehr!

Da sich meine eigenen Interessensschwerpunkte etwas verschoben haben, habe ich in diesem Jahr den Eindruck, dass der Arbeitsaufwand für mich nicht mehr passt. Ich bin noch in der Klärung, wie ich darauf reagiere. In Bezug auf Bodenfruchtbarkeit und Kreisläufe bin ich auf einem guten Weg, der wirkliche Erfolg wird sich jedoch erst in mehreren Jahren abschätzen lassen. Der Garten ist immer noch ein großes Lernfeld für mich, gerade was das Beobachten betrifft!

Judit Bartel: j.bartel@permakultur-akademie.net
www.permakultur-akademie.net

18 Der Garten liefert reiche Ernte

# 5.3 Permakultur-Kleingarten in Dresden

Text und Bilder von Volker Croy

**Startbedingungen und Lage:** Kleingarten im südlichen Dresden, Teil eines Kleingartenvereins, ehemalige Schrotthalde, seit 1970 mit Sand verfüllt. Der Boden war humusarm und so karg, dass nicht einmal Wildkräuter auf Teilen der ungenutzten Beete wuchsen. Obstbäume verwildert, überaltert, ungepflegt und krank. Starke Verunkrautung und Verwilderung der restlichen Flächen. Durch die Kaltluftsenke ist der Pflanzenwuchs ca· 1 Woche in der Entwicklung verspätet gegenüber umliegenden Gebieten· Das Klima ist trocken, vor allem im Frühjahr und Sommer· Zwei etwa 10 m hohe Birken und eine ebenso hohe Fichte verschatteten von Süden her etwa die Hälfte des Grundstücks· Durch Sturmschäden wurden die Birken 2012 und 2013 entfernt· Die Fichte steht noch und beherbergt eine Singvogelkolonie·

**Sonstiges:** Hütte (Gesamtfläche 24 m²) mit einigem Material und Werkzeugen auf dem Gelände vorhanden. Wasser und Strom gibt es ebenfalls.

**Gesamtgröße des Gartens:** 270 m²

**Bewirtschaftet von:** Volker Croy

**Kern-Elemente der Anlage:** Anbauflächen für Gemüse, Obstbäume, Beerenobst, Gewächshaus

**Ziel:** Mit möglichst wenig laufendem Arbeitsaufwand einen hohen essbaren Ertrag auf der kleinen Fläche zu erwirtschaften. Es sollen Freundeskreis und Bekannte mit einem Teil der Ernte mitversorgt und auch Pflanzennachzucht der Sträucher ermöglicht werden. Dabei ist angestrebt, alte und seltene Pflanzen auszuprobieren.

**Aufwand für Gestaltung und Erhaltung:** Für die Erstanlage der Grundstruktur wurden ca. 40 Std. aufgewendet, für Pflanzen und Material entstanden keine Kosten, da von allem reichlich vorhanden war. Es musste nur umgelagert/umgepflanzt werden. Dafür kostete die Entsorgung kritischer Chemikalien über das Giftmobil etwa 200 €. Für Pflege und Erhaltung sind durchschnittlich ca. 3 Std. pro Woche zu rechnen, an Kosten 100 € pro Jahr für Saat-und Pflanzgut sowie für Verbrauchsmaterial.

Im Herbst 2009 habe ich in einer Kleingartenanlage einen Kleingarten gekauft, die trapezförmige Grundfläche misst etwa 20 x 15 m. Es befanden sich drei größere Obstgehölze (ein Quittenstrauch und zwei Apfel-Halbstämme der Sorten ‚Geheimrat Breuhan‘ und ‚Ontario‘), einige Himbeeren,

1 Der Garten bei der Übernahme 2010

2 Durch Mulchen wurden die Beete humusreicher.

3 Der Ecke mit den Himbeeren wurde gerodet

4 Dank Kompostwirtschaft gedeihen Gemüse und Blumen

sowie mehrere Blühstauden und Ziergehölze auf dem Grundstück. Alle Gehölze waren in schlechtem Zustand. Zusätzlich gibt es im Boden einen Schädling namens Maulwurfsgrille (*Gryllotalpa gryllotalpa*), welcher sich wie eine Kreuzung aus Wühlmaus und Maulwurf verhält und sowohl Regenwürmer als auch Pflanzenwurzeln frisst.

Im Frühjahr 2010 begann das Aufräumen. Die Himbeeren mussten von der Ackerwinde befreit werden, die sie überwuchert hatte. Bei dieser Gelegenheit habe ich sie an eine hellere Stelle umgesetzt und die Wurzeln von Erde und Winde befreit, damit sie am neuen Standort ohne Beeinträchtigung gedeihen können. An der schattigen Stelle des alten Himbeerstandortes habe ich Kräuterbeete angelegt und einige Obstbäume gepflanzt, die durch ihre Höhe mehr Sonne erhalten werden.

Der Kompost wurde beräumt, vom Unkraut befreit und wiederhergestellt. In einem Teil der schattigen Fläche habe ich einen Vermehrungsbereich für Gehölze eingerichtet und mit der Sammlung von Johannis-, Josta- und Stachelbeertrieben begonnen. Für die Steckholzvermehrung wurden robuste Sorten verwendet, die sich bei diesem Boden bewährt haben.

5 Der Vermehrungsbereich und Kompostplatz

6 Im Hochbeet (links) gedeihen Chilis

7 Der Apfelbaum wurde beschnitten.

8 Hier sind die Veredelungstriebe bereits angewachsen.

Die Farbe der Beete war gelbgrau und die Struktur des Sandes deutlich zu sehen, insgesamt erinnerte der Boden stark an Spielplatzsand. Eine Ausrollprobe ergab Sand mit geringen Feinanteilen. Auch mit fortschreitender Zeit wuchs dort nichts als wilder Schnittlauch und Giersch *(Aegopodium podagraria)*. Trotz des oberflächlichen Sandes ergaben Test-Grabungen eine hohe Verdichtung des Bodens. Es wurden erste Experimente mit Pflanzen durchgeführt. Die Maulwurfsgrillen fraßen Möhren, Petersilie und Buschbohnen sowie einige Zierpflanzen, ließen den Rest aber in Ruhe – auf die betroffenen Pflanzen habe ich von da an verzichtet. Ich legte fünf ca. 60 cm breite Beete an, um eine möglichst breite Fruchtfolge zu gewährleisten. Erbsen und Stangenbohnen halfen, den Boden mit Stickstoff anzureichern, Schwarzwurzeln beim ersten Aufbrechen der Verdichtungen. Anspruchsvollere Pflanzen wie Tomaten wurden erst im dritten Jahr angebaut. Gurken, Kürbis und Zucchini wuchsen anfangs direkt auf dem Kompost, später habe ich einen Teil des Kompostes auf der sonnigeren Beetfläche zu einem Hügelbeet aufgeschichtet und Gurken, Kürbis und Zucchini dort angepflanzt.

Es erfolgte eine Umstellung auf Mulchwirtschaft mit Grünschnitt von der Wiese oder von Wiesen der Nachbarn. Auf die Grünflächen wurden Rot- und Weißkleesaatgut ausgebracht, um den Bienen eine Weidemöglichkeit zu geben.

9 Sommer 2013: Im Garten wächst und gedeiht es

10 Bäume und Kräuter am ehemaligen Himbeerbeet

Außerdem sorgt der Klee für eine Stickstoffbindung. Der Rotklee mobilisiert durch Abgabe von organischen Säuren in den Boden den Phosphor und ermöglicht es so, mehr davon aufzunehmen und beim Mulchen zu verlagern. Mähen mit Abtransport des Grünschnittes und somit Auslaugen der Wiesen senkt normalerweise den Nährstoffgehalt in Richtung Magerwiesen. Dies ist jedoch aufgrund des Stickstoffeintrags aus der Luft (vom Verkehr) in Stadtgebieten nicht zu erreichen, deshalb verwarf ich diesen Versuch nach einiger Zeit und habe überall Klee eingesät.

Die Obstbäume habe ich stark zurückgeschnitten und einige Veredelungsexperimente am Obst durchgeführt. Ein Baum trägt nun mehrere Sorten. Die Sorte ‚Ontario' hat alle Veredelungen nach einiger Zeit wieder abgestoßen.

Nach und nach habe ich andere Obst-Bäume gepflanzt, davon viele wurzelechte. Darunter waren zwei Birnen, ein Apfel, eine Sauerkirsche, ein Pfirsich, eine selbstbefruchtende Süßkirsche, zwei Hauspflaumen, eine Nektarine, eine blaue Reneklode und ab 2015 drei Feigen, eine Jujube, ein Blauschotenstrauch und ein japanischer Rosinenbaum zu Testzwecken, zusammen mit vielen seltenen Obststräuchern, vor allem leicht vermehrbare Stachel-, Johannis- und Himbeerverwandte. Bei den Anpflanzungen wurde die Wiese unter dem Obst durch eine Holzhackschnitzelschicht ersetzt, damit die neuen, noch schwachen Gehölze sich in Ruhe etablieren können und nicht mit der Wiese konkurrieren müssen. Durch den Sandboden und den Schnitt werden die Obstgehölze auf einer angenehmen Größe gehalten.

2015 habe ich ein Gewächshaus aus Folie und Holz errichtet, um jegliche Braunfäule bei den Tomaten zu verhindern und Salatgurken, Auberginen und Paprika anzubauen. Bauvorschriften im Kleingarten und der Konflikt mit dem Vorstand des Kleingartenvereins wegen „unordentlichen Gartenzustands" erlaubten nur ein Foliengewächshaus anstelle eines genehmigungspflichtigen Glas-Gewächshauses.

Im Jahr 2016 habe ich den hölzernen Teil der Gartenhütte abgerissen, um Platz für Hochbeete zu schaffen. Diese habe ich gewählt, um den ganzen anfallenden Pflanzenschnitt unterzubekommen und nutzbringend zu verwerten.

## Besonders gute Erfahrungen

Die Gemüsebeete mit dauerhafter Grünschnitt-Mulchung sind ähnlich ertragreich wie die mit Mistdüngung. Eine Gabe von frischem Mulch für die Flächenkompostierung im Juni/Juli hat vor allem bei Starkzehrern einen guten Wachstumsschub gebracht. Wegen der Hitzeentwicklung durch den Verrottungsprozess wurden die Pflanzenstiele hierbei gezielt ausgespart.

11 Gewächshaus neben der Gartenhütte

12 Himbeeren am Gartenzaun

13 Radieschenblüte im Sommer 2015

14 Abendstimmung

15 Dort, wo früher das Gartenhaus aus Holz stand, sind jetzt fruchtbare Hochbeete entstanden.

Mulchen gegen Braunfäule bei Tomate und Kartoffel war sehr effektiv, außer wenn Singvögel den Mulch bei der Jagd beiseite geräumt hatten und somit doch Spritzwasser mit Erde und darin enthaltenen Pilzsporen die Pflanzen traf.

Die Beete ließen sich gut mit Schneckenfallen (flache Steine und Bretter, unter denen sich regelmäßig Schnecken sammeln und die dort beseitigt werden können) schneckenfrei halten. Auch Versuche mit einem doppelt gefalteten Schneckenzaun, den ich mir von einem Bekannten anfertigen ließ, waren sehr erfolgreich.

Die Obstbäume wurden stark zurückgeschnitten und verjüngt, wodurch die Obstqualität enorm zunahm. Die Früchte wurden größer und die Schorfflecken auf Blättern und Früchten nahmen ab. Der Quittenstrauch kam von 50 kg kleinen Quitten (ca. 5 - 7 cm Durchmesser) bei Gartenübernahme auf 80 kg große Quitten (7 - 12 cm Durchmesser) im Jahr 2015. Übermäßiger Holzzuwachs lässt sich durch das Entfernen einiger Wurzeln (Wurzelschnitt) gut reduzieren, was aber auch einiges an Arbeit macht und, wie der oberirdische Schnitt auch, möglichst fachgerecht und mit scharfem Werkzeug durchgeführt werden sollte.

16 Kräuter und Bäume hinter dem Gewächshaus

Hochbeete für wärmeliebende Pflanzen wie Paprika und Chili brachten gute Erträge, da die Verrottung des Kompostes Wärme an die Wurzeln brachte. Diese Beete habe ich schichtweise mit frischem Kompost, Grünschnitt und einer 20 cm starken Deckschicht aus altem Kompost aufgebaut.

Überwintern von nicht winterharten Gemüsestauden (Chili, Paprika, Physalis) im Kübel, aufgestellt an einem lichten, kühlen und frostfreien Platz, erhöhte im Folgejahr den Wuchs und den Ertrag bei weitem.

Im Jahr 2013 war es so trocken, dass trotz Bewässern die Himbeeren an den Sträuchern vertrocknet sind. Das lag an der Kombination von Boden und regionalem Klima. Danach habe ich ein Bewässerungssystem mit druckausgeglichenen Tropfschläuchen (T-Tape) und Zeitschaltuhr eingerichtet. Dies benötigt zwar Strom und eine Pumpe oder anliegendes Leitungswasser, da 1 bar Druck nötig ist, dafür hat sich der Ertrag stabilisiert und die Arbeit stark reduziert. Ich kann nun auch zwei oder drei Wochen nicht im Garten sein, ohne dass meine anspruchsvolleren Pflanzen absterben. Der Wasserverbrauch hat sich zwar erhöht, bleibt aber in einem vernünftigen Rahmen und lässt sich durch Regenwasser decken.

Die Spindelerziehung bei Johannis- und Stachelbeeren aus Steckhölzern funktionierte sehr gut. Zwar muss ein Spalier gebaut werden, aber die Erntezone ist in Oberkörperhöhe, der Ertrag sehr gut verteilt und leicht zu erreichen (vor allem bei Stachelbeeren praktisch). Durch die Holzrotation entstehen jährlich zusätzlich viele Steckhölzer in hochwertiger Qualität, die zur Vermehrung verwendet werden.

Mit einer Nachbarin ließ sich eine Zusammenarbeit erreichen. Ich schneide ihre Obstgehölze und bekomme dafür einen Teil der Ernte. Dies ist eine gute Möglichkeit die Fläche „zu erweitern".

Zufüttern bei Singvögeln im Sommer hält diese in der Nähe und reduziert stark den Befall mit Schadinsekten wie Kartoffelkäfer und Kohlweißling. Die Flächen unter den Obstbäumen lassen sich mit Zierpflanzen oder Kräutern aufwerten, was den optischen Wert, den Nutzen für Bestäuber-Insekten und auch den Verdunstungsschutz erhöht.

## Weniger gute Erfahrungen mit Lerneffekt

Die im Handel angebotenen neuen Hauspflaumen (z.B. die Sorte ‚Hanita') sind zwar tolerant gegen die Scharka-Krankheit, schleppen das auslösende Scharka-Virus aber oft ein. Als ein Nachbar einen solchen Baum pflanzte, wurden meine Pflaumen und die Reneklode mit Scharka infiziert

17 Profil des doppelt gefalteten Schneckenzaunes

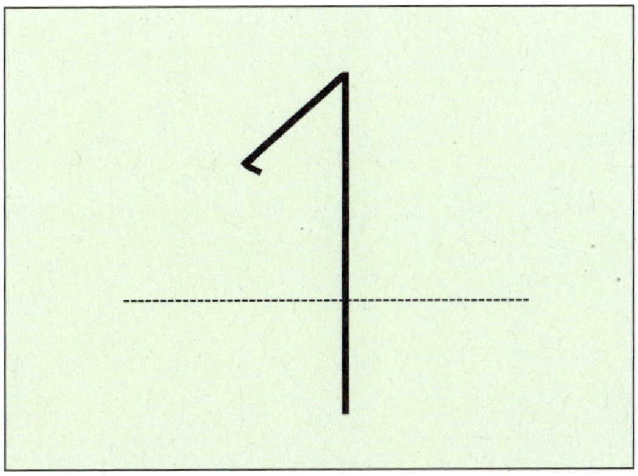

18 Gemüsebeet mit Bewässerungsschläuchen

und tragen jetzt viel weniger. Scharka ist nicht heilbar. Ernteeinbrüche liegen meist zwischen 30 und 70%.

Beim Gewächshausdach habe ich mich von Freunden zu „stabiler“ Gewächshausfolie aus dem Baumarkt überreden lassen, und zwar eine 0,5 mm dicke Folie, die an Teichfolie erinnert. Leider ist sie entgegen der Beschreibung nicht UV-stabil und splitterte bei Belastung im ersten Herbst wie Glas. Auch tropfte durch Kondensation im Gewächshaus viel Kondenswasser auf die Pflanzen, was zu Grauschimmel führte. Beim 2. Versuch werde ich nun eine Profi-Gartenbau-Anti-Tau-Folie einbauen, die mindestens 5 Jahre hält. Auch ist es wichtig, das Foliengewächshaus gut zu befestigen, sonst wirft der Wind es im Herbst um. Am einfachsten ist es, die Folie am Rand mit Erde zu beschweren.

Größtes Problem war und ist der Konflikt mit einigen Kleingärtnern, die meine Bewirtschaftung als „unordentlich“ abstempeln. Das führte zu verbalen Angriffen bis hin zu Beschädigungen der Pflanzen. Das ökologische Gärtnern ist in dieser Kleingartenanlage leider noch nicht sehr weit verbreitet. Alle meine Argumente, Beispiele, Schlichtungsversuche und Zugeständnisse konnten den Konflikt bisher nicht lösen. Leider sorgt die Bewirtschaftung der Nachbargärten für die Vermehrung von Schädlingen und Krankheiten und reduziert gleichzeitig die Verbreitung von Nützlingen, was meinen Garten entsprechend beeinflusst.

## Fazit der bisherigen Zeit

Innerhalb von 5 Jahren ließ sich aus einem sehr schlechten Sandboden mit wenig Aufwand ein recht hoher Ertrag erwirtschaften. Konsequenter Verzicht auf Umgraben, Grubbern und andere „Lockerungsarbeiten“, welche die Bodenstruktur zerstören, sparen nicht nur viel Arbeit, auch die Pflanzen und das Bodenleben danken es.

Der Boden konnte zwar durch Humus und andere Zuschlagstoffe verbessert werden, dennoch bleibt es ein Sand. Rosenkohl gedeiht als einzige Kohlart gut, Kopfkohl bleibt immer klein. Kaliliebende, spät zu erntende Pflanzen wie Zuckerhutsalat und andere Chicorée-Arten, selbst Feldsalat werden bitter, da im Herbst durch den kühlen Boden die Kalinachlieferung aus dem Mulch zurückgeht und vorhandenes Kali schnell aus dem Sand ausgewaschen wird.

Mittlerweile kann ich mit einigen Erntegütern einen großen Teil des Freundeskreises versorgen. Ziel ist es, dies weiterhin auszubauen. Viele der neu gepflanzten Bäume sind noch von der Hauptertragsphase entfernt. Mit Spannung erwarte ich die Entwicklung der neuen Beerensträucher und ihrer Früchte.

19 Himbeeren und Blumen am Gartenzaun

# 5.4 Kräuter- und Versuchsgarten mit permakulturellen Aspekten in Kolitzheim

Text und Bilder von Ute Solf

**Standort und Lage:** Kolitzheim liegt in der Region Main-Rhön, zwischen Volkach und Schweinfurt. Das Dorf liegt an der Mainschleife, der größten Flussmäanderlandschaft in Bayern. Die Region ist geprägt von steilen Prallhängen und flachen Gleithängen, die besonders gut für den Weinbau genutzt werden können. Das Gebiet ist eher regenarm mit einem Niederschlag von ca. 300 mm im Jahr (fränkische Trockenplatte).

Die Bodenbeschaffenheit im Garten ist vielfältig. Muschelkalk, Keuper (bunte, bröckelige Tongesteine), Lösslehm und Sand

**Gesamtgröße des Gartens:** 300 m²

**Bewirtschaftet von:** Ute Solf

**Kern-Elemente der Anlage:** Mehrere einfache Hochbeete, Kräuterbeete und essbare Stauden, als Sonnenfalle angelegtes Hügelbeet mit Gartenteich (dient als Biotop und Klimaausgleich), Versuchsbeete mit Tomaten

**Idee und Leitgedanke bei der Gartengestaltung:** Die bereits bestehenden Elemente des Gartens erhalten und neue Elemente (siehe Kernelemente) mit geringen Mitteln hinzufügen, um eine möglichst intensive Nutzung zu erreichen.

**Aufwand für Gestaltung und Erhalt:** Gering: Das Anlegen kostete ca. 10 Stunden Zeit pro Woche, verteilt auf den ersten Sommer, seitdem liegt der Pflegeaufwand bei ca. 3 - 4 Stunden pro Woche, übers Jahr verteilt (ohne Ernte und Verarbeitung).

Im März des Jahres 2010 zogen mein Mann und ich in das Haus in Kolitzheim mit einem kleinen Hausgarten, der rund um das Haus angelegt ist. Der Garten ist viel kleiner als alle Grundstücke, die ich vorher bewirtschaftet hatte: von 3000 m² auf 1500 m² und nun auf 300 m². Das ergab sich so und daher suchte ich zunächst nach weiteren Garten-Grundstücken in der Nähe. Die gibt es hier für geringe Pacht, aber leider sprengte das meinen zeitlichen Rahmen. Schließlich kam ich zur Einsicht, dass es ganz wunderbar ist, lediglich unseren Garten am Wohnhaus zu bearbeiten. Alles, was ich angelegt habe, kann ich von meiner Terrasse aus oder bei schlechtem Wetter vom Fenster aus beob-

1 Der Vorgarten im Jahr 2013 mit Blumen, Gehölzen und Nutzpflanzen

2 Der Vorgarten nach Aussaat einer Samenmischung

3 Kunststoffbecken für einen Teich

achten. Jedes Zeitfenster, manchmal nur eine halbe Stunde, kann ich optimal nutzen – Zeit, die ich als Erholung von der Büroarbeit genieße. Auch auf sehr kleinen Flächen gibt es vieles zu beobachten und zu erforschen. Also wurde mein kleiner Garten ein ständiges Versuchsfeld, ein kleines Kreislaufsystem, das aufgrund seiner bescheidenen Größe keinen Input von außen benötigte, insbesondere keine tierischen Dünger, wobei ich aber auch nur einen kleinen Teil meines Bedarfs an Gemüse produziere.

Mulchmaterialien bekomme ich durch den Ast- und Staudenhäcksel, der jedes Jahr anfällt, und manchmal auch aus der direkten Umgebung, wenn bei den Nachbarn Holzsägearbeiten anstehen. Hinzu kommen Heu von den Wegrändern der Felder und Laub von den Obstbäumen der Nachbarn. Hier im Garten gibt es nur eine junge Kirsche, einen Weinbergpfirsich und daneben verschiedene Beerensträucher, von Johannisbeeren bis zu Holunder. Das ist nicht viel, da ich aus Wildpflanzen und Wildbeeren verschiedene Erzeugnisse für den Eigenbedarf und für Kurse herstelle, und auch aus alten Obstsorten, um die Verarbeitung dieser vergessenen Lebensmittel wieder anzuregen. Dabei habe ich gelernt, die Nachbarn

4 Das Hügelbeet

5 Der fertige Teich vor der Terrasse

zu fragen, ob sie ihre Bäume und Sträucher tatsächlich beernten. Oft bin ich auf offene Ohren gestoßen und kann Vieles ernten, das in der Umgebung wächst und nicht direkt in meinem Garten.

Nutzt man Wildkräuter, -gemüse und -beeren und diese wiederum in verschiedenen Lebenszyklen, von der Knospe bis zur Frucht, ist man auch mit einem kleinen Garten gut beschäftigt. Alle „Unkräuter" sind gleichzeitig auch Heil- oder Nahrungsmittel und jeder Abfall aus dem Garten wird von Kleintieren, Insekten oder den Bodenlebewesen verwertet. Auch in Zeiten, als mich die Büroarbeit mehr in Anspruch nahm, war der Zeitaufwand in dem kleinen Garten so gering, dass ich mich endlich der Kompostwirtschaft widmen konnte. Betreibt man einen Kompost richtig, muss er mindestens zweimal im Jahr umgesetzt werden. Ich bin zu dem Ergebnis gekommen, dass eine reife Komposterde ein wunderbarer Dünger und „Ankurbler" ist. Auch mit der Bokashi-Kompostierung habe ich einige Versuche gemacht. Doch außer unter dem Mulch passt das Endprodukt für meinen Garten weniger. Da das Verfahren nicht den gewünschten Effekt erzielt hat, habe ich es wieder aufgegeben. Wurmkompost hatte ich in diesem Garten noch nicht, da ich nicht genug organisches Material habe, um diesen noch zusätzlich herzustellen. Er wäre gut zur Anzucht geeignet, die ich aber in den letzten Jahren nicht mehr selbst betrieben habe. Ich entnehme nunmehr meinem Garten überschüssige Kräuterpflanzen und tausche diese auf Pflanzentauschbörsen oder im Tauschring gegen Gemüsepflanzen. Direkt säe ich verschiedene Spinatsorten und Wurzelgemüse, die auf dem sandigen Boden im hinteren Teil des Gartens gut wachsen.

## Besonders gute Erfahrungen

Mit den Tomaten auf Heu habe ich sehr gute Erfahrungen gemacht: Tomatenpflanze direkt mit etwas Kompost in den Heuballen gesetzt, einmal angegossen und dann musste nicht mehr gegossen werden. Wenn man eine Strauchtomate wählt, spart man sich auch noch das Ausgeizen. Außerdem habe ich Tomaten in Schafwolle unter eine frisch gepflanzte Kirsche gesetzt, zur Vorbereitung für eine Obstbaumlebensgemeinschaft (siehe „Gärtnern im Biotop mit Mensch" von Kleber

6 Das Kräuterbeet

7 u. 8: Als Erdbeerbeet geplant, wandelte sich diese Neuanlage aufgrund des nährstoffarmen Bodens nach und nach auch zum Kräuterbeet

und Kleber) Die Tomaten sind sehr gut gediehen, und auch die Kirsche ist sehr gesund herangewachsen. Auch hatte ich keinen Schädlingsbefall durch die Gespinstmotte, die im Jahr der Pflanzung fast alle Kirsch- und Pflaumenbäume der Umgebung befallen hatte. Nach dem ersten Jahr sollte man entweder kein Gemüse mehr in die Schafwolle pflanzen oder diese entfernen und kompostieren, da sie dann schimmelt. Jetzt wachsen unter der Kirsche, die nun 5 Jahre alt ist, verschiedene Kräuter und auch wieder Gemüse. Der Boden darunter ist lehmig und durch die Auswaschungen und zersetzten Teile der Schafwolle gut gedüngt. Im ersten Jahr nach dem Entfernen der Wolle konnte ich riesigen Broccoli und Blumenkohl sehr früh im Jahr ernten. Diesen hatte ich schon Mitte März gepflanzt und mit Gartenvlies abgedeckt.

Besonders gute Erfahrung habe ich auch mit dem neu angelegten Gartenteich und der Sonnenfalle als Hügelbeet gemacht. In dieser Kombination entsteht ein wunderbares Kleinklima, das die Staudengemeinschaften wachsen und gedeihen lässt. Im dritten Jahr sind sukzessive Wildsträucher dazu gekommen, von denen ich einige ausgraben musste und nur wenige stehen lassen konnte, da die Fläche zu klein ist. Der vordere Garteteil ist somit zu einem „Vogelparadies“ geworden. Zum einen sind dort genügend Brutmöglichkeiten und Verstecke vorhanden (auch durch zusätzliche Nistkästen), zum anderen mangelt es durch den kleinen Teich im Sommer nicht an Wasser, und im Winter dienen die Beeren als Nahrung, ergänzt durch eine Winterfütterung mit Körnern.

Auch mit sehr einfach herzustellenden Hochbeeten habe ich gute Erfahrungen gemacht. Hierbei wird eine Estrich- oder Baustahlmatte gerollt und an den Enden mit dickem Draht verbunden. Anschließend wird diese von innen mit Stofflaken oder Gartenvlies ausgekleidet und auch dieses mit Draht befestigt. Nach dem Aufstellen kann das runde Konstrukt sofort befüllt werden, genau wie bei klassischen Hochbeeten. Man bringt auch hier viel Restmaterialien unter, muss aber die Äste wegen des geringen Durchmessers teilweise kürzen bzw. zerkleinern. Diese Hochbeete sind leicht zu versetzten, deshalb müssen sie auch nicht ewig halten. Falls sie doch länger an einem Platz stehen bleiben sollen, ist es ratsam, UV-stabiles Vlies oder gar eine dicke HDPE-Folie zu verwenden.

9, 10 und 11 Hochbeete aus Estrichmatten (Baustahlmatten) und Gartenvlies für Salat, Tomaten usw.

## Weniger gute Erfahrungen mit Lerneffekt

Bei den einfachen Hochbeeten sollte man kein normales Gartenvlies verwenden, das sehr dünn ist, es sei denn, der Hersteller sichert für ein besonderes Produkt eine lange Haltbarkeit zu. Besser erscheint es mir, gleich Jute oder Schilf einzusetzen und dieses außen zu befestigen. Das hält auch nicht ewig, ist aber günstig und biologisch abbaubar. Ansonsten habe ich wenig schlechte Erfahrungen gemacht, da alles mit geringem Aufwand erstellt wurde und der Garten weniger zur Selbstversorgung dient, sondern eher zur Nahrungsergänzung durch selbständig wachsende Wildkräuter, Beerenobst und einige essbare Stauden.

Ein zweiter Aspekt des Gartens sind die eigenen Versuche, z.B. wie Tomaten auf Schafswolle und anderen Mulch-Materialien wachsen, oder die Kompostoptimierung. Hier hege ich keine großen Erwartungen, sondern bin eher an Beobachtungen interessiert.

12 Die Ernte an Möhren fiel recht üppig aus

13 Tomaten und Kapuzinerkresse vertragen sich hier gut miteinander

## Fazit der bisherigen Zeit

Erreiche mit geringstmöglichem Aufwand den größten Effekt! Für mich war in den letzten Jahren die Zeit ein großer Faktor, da meine Bürotätigkeit zugenommen hat. Außerdem musste ich feststellen, dass meine Kräfte nachlassen, insbesondere die Kraft, viel Erde zu bewegen. Das hält dazu an, vor dem Tun erst einmal nachzudenken. So nutze ich auch die Bestände, die da sind – insbesondere im Hinblick auf die Bodenzusammensetzung. Es ist schwer, den Boden zu verändern, und deshalb nutze ich ihn, wie er beschaffen ist. Die Sandböden im hinteren Teil meines Gartens sind wunderbar für Wurzelgemüse. Im vorderen Teil wachsen bei mir im Garten durch den lehmigen Boden alle Kohlarten sehr gut. Außerdem ist es interessant, verschiedene Bodenarten auf so kleiner Fläche zu haben und zu bewirtschaften.

## Meine Fragen zur Anschaffung eines Grundstücks

Welches Grundstück wähle ich? Will ich mich zum großen Teil selbst versorgen oder will ich Biotope schaffen? Man kann beides gut verknüpfen, wenn man am Anfang nicht zu große Erwartungen an die Ernte stellt. Wie groß soll das Grundstück sein? Zu Beginn ist es vielleicht gut, erst einmal eine kleine Fläche zu bewirtschaften. Wie viel Zeit will und kann ich investieren? In jahrelanger Pflege kann man auch aus extremen Böden gutes Gartenland machen, aber das dauert. Will ich diesen Garten lange bewirtschaften? Dann lohnt sich viel Input. Flexibler ist es, einen Schrebergarten zu mieten, der vorher schon bewirtschaftet wurde und bereits die Eigenschaften aufweist, die ich benötige.

Welche Brachflächen wandle ich in Beete und welche in Biotope um? Lässt man die Brache bestehen, entsteht auch von selbst ein Biotop, das je nach Bedarf nutzbar ist. Beispielsweise wachsen auf Brachland viele heimische Superfood-Wildkräuter, die den Boden schnell bedecken, wie Hirtentäschel, Vogelmiere und Co. Im Laufe der Zeit kommt es zu einer Verbuschung durch Vogelkot, wodurch wieder heimisches Superfood produziert wird, wie Holunder, Schlehen, Weißdorn, Hagebutten. In manchen Gegenden wächst auch der Sanddorn sehr gut. Beete wiederum werden am sinnvollsten übersichtlich angelegt, damit man gute Erfahrungswerte über Pflanz-, Wachstums- und Erntezeitpunkt sammeln kann.

*Superfood-Kräuter* am Beispiel Brennnessel: Brennnessel schmeckt als Spinat auch Kindern und ist als Frühjahrskur ideal zur Gallen-, Leber- und Blutreinigung, sie dient zur Befreiung von Schlacken, die sich im Winter im Organismus in Darm und Blut festsetzen. In *Brennnesseln* steckt je nach Art 2 - 4x mehr Eisen als im Rindersteak (gleiche Menge) und doppelt so viel wie in Spinat, außerdem Calcium (6x mehr als in Milch), Vitamin C (300mg/100g – das entspricht dem Zehnfachen von Spinat), Vitamin A, Kalium, Magnesium und Natrium. Die Brennnessel liefert außerdem Eiweiß – 7 g/100 g.

*Superbeeren* am Beispiel Sanddorn und Holunder: Als Muttersaftgemisch ohne Zucker mit Wasser ergänzt sind sie ein echter Geheimtipp zur

14 und 15 Der Kartoffelturm: Hier wurde anstelle von Gartenvlies ein altes Betttuch um die Estrichmatte gespannt.

16 Tomaten auf Schafwolle

17 und 18: Tomaten auf Heu, links im Hochbeet aus Armierungseisen, rechts mit Steinen als Beetbegrenzung.

Vorbeugung gegen Grippe im Winter. Die Beeren halten entsaftet und luftdicht verschlossen auch ohne Zucker bei dunkler Lagerung sehr gut.

*Sanddorn:* Hauptinhaltsstoff ist Vitamin C. In keiner heimischen Beere ist vergleichbar viel Vitamin C, deshalb gilt Sanddorn zu Recht als regionales Superfood. Die Beere enthält viel Vitamin E und gilt als eine der wenigen pflanzlichen Quellen für Vitamin B12. Sanddorn enthält außerdem die Spurenelemente Eisen, Kalzium, Mangan und Magnesium.

*Holunderbeerensaft:* Holunderbeeren werden traditionell bei Erkältungen und Grippe eingesetzt. Inzwischen ist auch durch Studien erwiesen, dass sie wirksam gegen Grippeviren sind: Sie erleichtern die Symptome und verkürzen die Krankheitsdauer. Holunderbeeren weisen ebenfalls Herz und Kreislauf schützende Eigenschaften auf. Ihr Anthocyan-Gehalt ist genauso hoch wie bei nicht heimischen Superfoods wie Acai, der dunkle Pflanzenfarbstoff wirkt antioxidativ, d.h., er schützt die Körperzellen vor freien Radikalen.

Es kann sich also durchaus für Gesundheit und Geldbeutel sehr lohnen, einigen essbaren Wildpflanzen („Unkräuter") im Garten Raum zu geben oder die nähere Umgebung nach solchen abzusuchen und zu beernten.

19 Auch die Tomaten, die nicht mehr reif geworden sind, lassen sich verwerten und z.B. zu Chutney verarbeiten.

# 5.5 Perma-Sonne in Ottorfszell

Text und Bilder von Christof Büchler

**Standort und Lage:** sonnig gelegen, an der Südseite einer großen Scheune, meist feuchter und lehmiger Boden
**Gesamtgröße des Gartens:** 530 m²
**Bewirtschaftet von:** Fatima und Christof
**Kern-Elemente der Anlage:** „Holzwirbel" und Hügelbeete

**Aufwand für Gestaltung und Erhaltung:** Für die Erstanlage wurden ca. 350 Stunden und 1500 € für Material, Maschinen und Pflanzen aufgewendet. Für Pflege und Erhaltung sind durchschnittlich ca. 14 Stunden pro Woche und 50 € pro Jahr für Saatgut erforderlich.

Westlich unseres Wohnhauses und südlich der großen Scheune stand einmal ein baufälliges Haus, das 2010 abgerissen und dessen Baumaterial teilweise für einen andernorts gelegenen Neubau mit verwendet wurde. Der entstandene Raum wurde in den darauf folgenden 3 Jahren zu einer wilden Wiese, bis in uns der Wunsch keimte, die Fläche besser zu nutzen. Der erste Gedanke war ein Garten mit Wild- und Heilkräutern. Durch den Austausch mit anderen lernten wir schließlich einen Spezialisten für Hügelbeete kennen, und es entstand das Konzept unserer Perma-Sonne. Im Zentrum wurde ein großer „Holzwirbel" geplant, ein Kunstwerk aus Holz, das die energetische Struktur des Raumes günstig beeinflussen und zur Harmonisierung von Himmel und Erde beitragen soll. Von diesem Holzwirbel sollten sternförmig Hügelbeete wie Sonnenstrahlen ausgehen.

Ein Bekannter, der damals hier auf dem Hof war, half bei der Gestaltung des Gartens mit, der in einem einwöchigen Workshop angelegt wurde. Wir sind sehr dankbar für unseren Garten und möchten auch nochmal all den tollen Mithelfern danken, ohne die das nicht möglich gewesen wäre. Von Permakultur, Hügelbeeten und Gärtnern hatten wir bis dato nicht wirklich Ahnung und sammeln bis zum heutigen Tage reichlich Erfahrungen. 2013 war für uns mit der schönste Sommer und die beste Ernte.

Die Pflanzen, die wir damals holten, waren zum Teil F2 Hybride, deren Nachteile wir damals noch nicht kannten. Doch wir machten daraus Samen und ließen auch welche wild aussäen. Die Folgegeneration in 2014 sah dann stellenweise völlig anders aus. Doch was soll's, nun wissen wir was F2 bedeutet und wie man Samen selber gewinnen

1 Fläche vor Beginn der Umgestaltung

2 Strahlenförmige Anordnung der Hügelbeete und Sträucher

3 Fläche direkt nach dem Anlegen der Hügelbeete

4 Fertige Hügelbeete, noch vor dem Abdecken mit Stroh

kann. So lernt man beim Tun. Das ist nicht immer leicht und schön, doch es bereichert und festigt einen.

Durch den dichten Aufbau der Hügelbeete mit Schnittgut und auch dickeren Stammstücken sacken diese nur sehr langsam zusammen. Auf die erste Erdschicht kam ca. 5 cm Kälbermist vermischt mit Grassilage, die wir mit Effektiven Mikroorganismen und Holzkohle aufwerteten. Darüber haben wir nochmal eine Schicht Erde gegeben und zum Schluss deckten wir die Hochbeete mit Stroh ab. Dadurch waren die Beete fast immer schön feucht, doch wie es im Leben ist, hat alles zwei Seiten. Denn auch die Schnecken fühlten sich sehr wohl unter dem Stroh und hatten die jungen Pflanzen zum Fressen gern. So sammelte ich fast jeden Abend Richtung Dämmerung, wenn es abkühlt und leicht feucht wird, bis zu ca. 200 Schnecken ab. Meiner Beobachtung nach sind die Schnecken die Raubtiere des Gartens. In der Wildbahn erbeuten die Raubtiere meist die schwachen Tiere. Das trifft auch auf die Schnecken zu. Ich fand Schnecken überall, wo etwas am Faulen war, junge und schwache Pflanzen und vor allem alles, was wir vorgezogen hatten. Pflanzen, die sich selbst aussäen, sind von sich aus kräftiger. Das Verpflanzen bei vorgezogenem Gemüse schwächt dieses, was es dann wohl auch ausstrahlt, und so-

5 Aus Schnittgut werden Rankhilfen gebaut

6 Vorziehen von Gemüse und Kräutern

7 Angelegte Fläche mit Bepflanzung im ersten Jahr

8 und 9 Großblättriges Gemüse hält den Schnecken gut stand und fühlt sich sichtlich wohl

fort kommen die Raubtiere des Gartens. Auch der aufgebrachte Mist hat zu Beginn den Schneckenbestand gefördert. Wildpflanzen wurden hingegen so gut wie nie gefressen. Deshalb möchte ich mehr und mehr in diese Richtung gehen. Wildpflanzen wachsen von allein, man muss sie nicht vorziehen, sie vermehren sich selbst, man braucht sie nicht gießen und von den Schnecken werden sie ebenso wenig befallen wie von den meisten Krankheiten. Obendrein sind deren Inhaltsstoffe oft reichhaltiger als in unseren gezüchteten Pflanzen. Die Natur lässt meist das vor unserer Nase wachsen, was wir zum Leben brauchen. Brennnessel und Giersch sind sehr tolle Gemüse, die ich liebe. Und auch Franzosenkraut, Vogelmiere, Sauerklee, Löwenzahn und viele weitere Wildkräuter kann man essen und vielen Rezepten beimischen.

## Besonders gute Erfahrungen

Unsere beständigste Pflanze ist der Mangold, den wir sehr lieben; wir haben drei Arten davon im Garten. Erntet man immer nur die äußeren Blätter, wächst dieser immer weiter und man kann ihn wieder und wieder beernten. Das klappt auch bei unserem Baumspinat hervorragend. Auch Topinambur ist eine sehr gute Pflanze, die man im Boden belassen und dann im Winter bei Bedarf ernten kann. Einmal streuten wir Senfpulver um unsere Jungpflanzen-Zucht, mit dem Ziel, unsere Freunde, die Schnecken, abzuhalten. Das hat sehr gut funktioniert.

## Weniger gute Erfahrungen mit Lerneffekt

Noch eine Bemerkung zum Stroh auf den Beeten. Nach ca. 2 Wochen waren unsere Beete grün, und ich war verwundert, was das ist. Wir hatten bei einigen Beeten einfach Samen mit in das Stroh geworfen, wie es uns jemand empfohlen hatte. Diese Empfehlung kann ich nicht bestätigen, außer man hat zu viel Geld für Saatgut übrig. Von den Gemüse-Samen ging so gut wie nichts auf. Das viele Grün auf den Beeten, das wir gerne als Gemüsekeimlinge gesehen hätten, erwies sich als gekeimtes Getreide. ☺

Dieses durfte ich dann alles wieder herauszupfen. Also, wer mit Stroh mulchen will, der bekommt zwar einen recht guten, feuchtehaltenden Boden, aber auch Schnecken und gekeimtes Getreide.

Im Frühjahr 2014 wollten wir an die 100 Pflanzenarten vorziehen. Diese stellte ich in ein Frühbeet und eine Dauerbrenn-Kerze als Frostschutz mit dazu. Das ging die ersten vier Tage sehr gut, bis sich plötzlich die ganze Kerze entzündete und das Frühbeet mit abbrannte. So hatte ich nun alle Elemente durch: ertränken, vertrocknen, erfrieren und verbrennen. Das Leben ist einfach nur schön.

## Fazit der bisherigen Zeit

Ich betreue hier zwei Pflegefälle im Haus und bewirtschafte den Garten meist allein unter der Woche, was einfach zu viel ist. Mein Tipp an alle, die so etwas machen wollen: Lest erstmal ein paar Bücher. Ohne fundamentale Grundkenntnisse oder einen Berater, der einen langsam einweist, hat man mehr Frust als nötig ist. Die Arbeit im und mit dem Garten soll einen doch erfüllen, und das tut sie meist auch, wenn man mit Mutter Erde und den Pflanzen umgeht. Doch einige der gemachten Erfahrungen möchte ich anderen durch diese Zeilen gern ersparen. Wir veranstalten hier ab und zu auch kleine Seminare zu unterschiedlichen Themenfeldern, zu denen Interessierte eingeladen sind vorbeizuschauen. In diesem Sinne wünsche ich allen Lesern viel Erfolg beim eigenen Gärtnern und Genießen der Ernte.
Homepage: http://permasonne.jimdo.com/

10 Etwas abseits gelegenes Salat-Hochbeet aus Resthölzern
11 Großer Erntetag

**Anmerkungen von Jonas Gampe:**
Der Garten von Fatima und Christof ist ein sehr eindrucksvolles Beispiel dafür, dass eine Reihung typischer Permakultur-Elemente noch nicht zu einem ausgewogenen Permakultur-Garten führt. Ihre Perma-Sonne ist ein intensiver Nutzgarten aus Hügelbeeten. Der kann hohe Erträge bringen, macht aber auch sehr viel Arbeit. Bei der Planung wurden die eigenen zeitlichen Ressourcen und die Konzeption als Ökosystem etwas zu wenig berücksichtigt. So hätte beispielsweise jedes zweite Hügelbeet durch eine Reihe mehrjähriger, pflegeleichter Gehölze wie Beerenobst oder niedrige essbare Wild-Sträucher ersetzt werden können. Auch ein kleiner Teich mit Molchen und ein Igel-Biotop könnten in Zukunft den vielen Schnecken ein paar natürliche Feinde gegenüberstellen. Trotz der unangenehmen Erfahrungen haben die beiden in den letzten Jahren viel dazugelernt und auch sehr schöne Momente in ihrem Garten erlebt. Durch ein paar kleine Anpassungen lassen sich die schönen Momente in Zukunft sicherlich vermehren. Sehr bewundernswert sind die Ausdauer und Experimentierfreude der beiden sowie ihre gesunde Portion Gelassenheit. Besonders interessant an Christofs Erzählung finde ich, dass die ursprüngliche intuitive Idee des Wild- und Heilkräutergartens nun wieder zum Vorschein kommt, nachdem sie in den letzten Jahren durch äußere Einflüsse zunächst ein etwas anderes Konzept verfolgt hatten.

# 5.6 Teich, Obst und Hängematte

Text und Bilder von Petra Krubeck

**Standort und Lage:** NRW, Bergisches Land, 25 km von Köln, Tallage, neben einem Fluss
**Gesamtgröße der Anlage:** 22 x 30 m, 660 m$^2$
**Gartentyp**: Hausgarten
**Höhe:** 85 m ü.NN
**Niederschlag:** 1.000 mm/a, bei 13-17 Regentagen pro Monat
**Sonnenstunden:** aufgrund der Tallage unter 1000h/a
**Wind:** Tallage: Stürme stark gebremst
**Boden:** schwer, lehmig, sauer, feucht
**Gebäude:** Haus und Carport mit Schuppen
**Kern-Elemente der Anlage**: Badeteich, Baumscheiben, Obstgehölze, Beete, Ruheplätze

**Aufwand für Gestaltung u. Erhaltung der Anlage:** Auf dem Grundstück habe ich 2003 mein Wohnhaus mit hohem Eigenleistungsanteil errichtet. Für den Garten war erst mal wenig Zeit und Geld übrig, so dass der Pflanzenbestand meist jünger ist als die theoretisch möglichen 12 Jahre. Da ich den Garten allein bewirtschafte, bestelle ich alle 1 - 2 Jahre einen Gärtner für größere Arbeiten, die ich nicht selber machen kann oder möchte. Somit fallen im Schnitt rund 400 €/Jahr an und im Frühling, Sommer und Herbst rund 3 Stunden Arbeit pro Woche für den Erhalt, bei neuen Projekten so viele Stunden, wie ich möchte, und im Winter dagegen fast keine.

## Das Design

Bei meiner Planung und Umsetzung habe ich mich von folgenden drei Wünschen an den Garten leiten lassen: Er soll

- **Ruhe vermitteln:** Da ich Vollzeit erwerbstätig bin, ist mir ein Ort der Ruhe, der Rekreation und des Rückzugs wichtig; Elemente dafür sind u.a. Sitzplätze, Hängematte und Sichtschutz.
- **Neugierde wecken:** Der Garten zieht durch die Vielfalt an Pflanzen und Lebensräumen weitere, vor allem tierische Bewohner an, die meine Neugierde wecken.
- **Freude bereiten**: Es bereitet mir tiefe Freude, wenn ich Tiere beobachte, Pflanzen pflege, Obst nasche und immer wieder Neues entdecke oder gestalte.

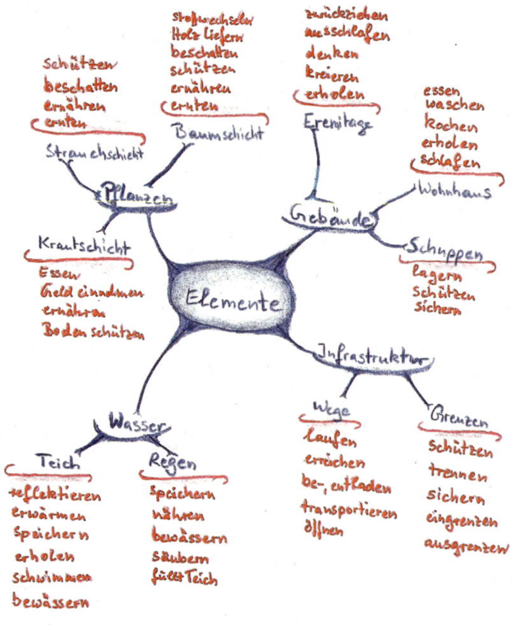


1 Übersicht über Funktionen wichtiger Elemente in meinem Garten

Und so haben sich, beinahe wie von selbst, sehr verschiedene Gartenelemente zusammengefügt, die in ihrer Gesamtheit diese Wünsche erfüllen.

Die dem Garten zugrunde liegende Struktur ist geprägt durch eine obere Ebene aus langsam wachsenden Gehölzen, die vor allem am Grundstücksrand, aber auch als Solitäre im Garten stehen. Sie erfüllen viele Funktionen wie Sichtschutz, Verschattung des Teiches, Lieferung von Mulchmaterial und Nahrungsmitteln. Zwar benötigen sie relativ wenig Pflege, doch ist hier die vorausschauende Planung am wichtigsten, da die Gehölze nicht umgesetzt werden können. Am Rand

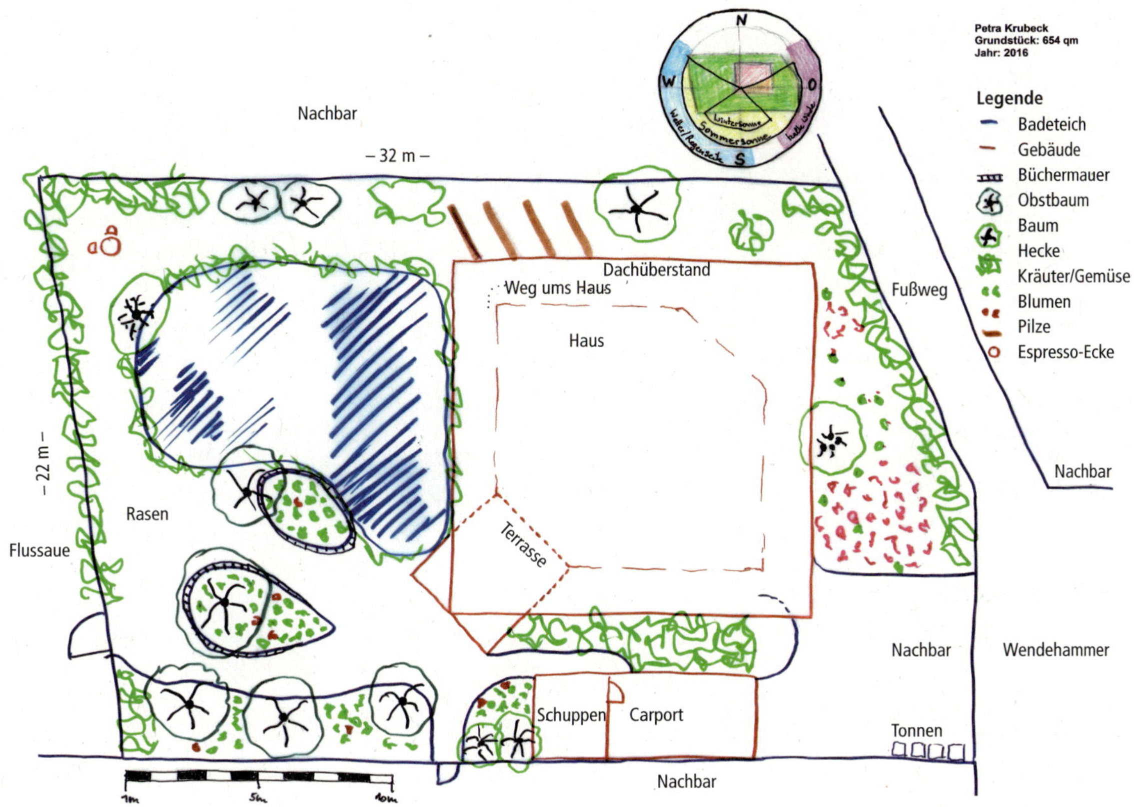


2 Der Plan für das Grundstück

der großen Gehölze befindet sich eine mittlere, mittelschnell wachsende Ebene aus Sträuchern und Stauden. Und die dritte untere Gestaltungsebene bilden die kleineren, schneller wachsenden, meist einjährigen Pflanzen.

Der **Vorgarten** im Osten ist zum Wendehammer und öffentlichen Fußweg hin durch einen Lattenzaun und eine Hecke mit Wildrosen, Liguster, Roter Heckenkirsche, Buchs, Eibe und Ilex abgegrenzt. Die Hecke bietet mir Sichtschutz und den Vögeln und Igeln Lebensraum. Die verbleibende Fläche zwischen Hecke und Haus ist mit (Blüh-)Pflanzen bestückt, wie Frauenmantel *(Alchimilla)*, Rotblättriges Silberglöckchen *(Heuchera micrantha ‚Palace Purple')*, Bauernpfingstrose *(Paeonia)*, Goldfelberich *(Lysimachia)*, Himbeeren *(Rubus idaeus)* sowie einer duftenden Bourbonrose *(‚Province Panachée')*, Haselstrauch *(Corylus avellana)* und Eberesche *(Sorbus aucuparia)*. Als Bodendecker haben sich Walderdbeeren *(Fragaria vesca)* und Gundermann *(Glechoma hederacea)* angesiedelt. Ich gehe morgens gerne an dieser Vielfalt vorbei, nasche an den Himbeeren und rupfe nebenbei etwas Beikraut aus, und auch die Nachbarkinder greifen im Sommer gerne über den Zaun in die Himbeeren.

Die **Nordseite** des Hauses ist ein wenig genutzter Bereich. Er eignet sich gut für Pilze auf Stroh, da er feucht und schattig ist. Ansonsten wachsen hier verschiedene Hosta-Arten, es gibt eine Regenwassertonne und an extrem heißen Sommertagen ist dies die kühlste Stelle im Garten und der Gartenstuhl wandert dorthin.

**Der Garten**: Hier öffnet sich der Blick nach Westen und Süden. Neben einem großen Teich gibt es eine kleine Rasenfläche, Rasenwege und verschiedene Beete, so dass sich Wasser, Rasen, Gehölze und Beete abwechseln.

Wer das erste Mal kommt, ist von dem großen **Badeteich** beeindruckt, der das dominierende Element ist. Hier leben knapp 100 Teichfrösche, Molche, Ringelnattern, Groß- und Kleinlibellen,

3 Strohballen im Teich zur Reinigung

4 Espresso-Sitzecke mit blühender Schlehe und Sumpfdotterblumen

unzählige Wasserkäfer, Larven und weitere Tiere wie Graureiher, Eisvögel und Fledermäuse nutzen die Vielfalt im Biotop als Nahrungsquelle. Da ich neben einem Fluss wohne, war es mir wichtig, Lebensraum, den ich der Flussaue durch das Bauen genommen habe, durch dieses Feuchtbiotop zurückzugeben. Der Teich hat eine Grundfläche von rund 70 $m^2$ und etwa 70 $m^3$ Wasser, im Badebereich ist er knapp 190 cm tief und im Pflanzbereich 10 cm bis 120 cm. Er wird mit Regenwasser vom Hausdach gespeist, so dass der Wasserspiegel in der Regel konstant bleibt. Im Teich wachsen Igelkolben *(Sparganium emersum)*, Hechtkraut *(Pontederia cordata)*, Teichrose, Rohrkolben *(Typha angustifolia)* sowie weitere Gräser und Schilfarten und auch Pflanzen zur Wasserreinigung. Direkt am Teichrand haben Feuchtgebiets-Nelken, Mädesüß, Blutweiderich, Wasserdost, Iris, Sumpfdotterblume usw. ihren Lebensraum.

Im Garten finden sich viele **Obstgehölze und Beerensträucher**. An Obstbäumen habe ich derzeit zwei Pfirsichbäume (das ist etwas experimentell in diesem Klima, aber ich hoffe in langen, warmen Sommern auf eine gute Ernte) und eine Mispel *(Mespilus germanica)*, die reiche Ernte für Obstmus beschert. Zudem gibt es noch einen etwa 25 Jahre alten Apfelbaum, verschiedene Kirsch- und Apfelbäume sowie eine Quitte, die jedoch alle erst wenige Jahre alt sind und somit noch nicht oder wenig tragen. An Beerensträuchern gibt es rote und schwarze Johannisbeeren, dazwischen wächst weiß und lila blühender Beinwell *(Symphytum)*, den ich zum Düngen nutze, zudem Stachelbeeren, Heidelbeeren und Maibeeren *(Lonicera caerulea var. kamtschatica)*. Hinzu kommen verschiedene Himbeersorten, wobei sich nicht alle für das regnerische Klima im Bergischen Land eignen und ich derzeit aussortiere, was kaum trägt. Die Grundstücksgrenze wird zudem noch von Schlehen, weißem und lila Flieder, Liguster *(Ligustrum)*, Gemeinem Schneeball *(Viburnum opulus)*, einem Blumen-Hartriegel *(Cornus kousa)* in Besitz genommen und von einer riesigen Strauchrose, die im Sommer durch einen vier Meter breiten weißen Blütenvorhang bezaubert.

Für die Planung habe ich meist das Prinzip der **Obstbaum-Lebensgemeinschaft** oder Baumscheibe eingesetzt. Beispielsweise nutze ich das Beet um die Mispel herum zur Anzucht von Setzlingen aus Johannisbeeren, dort wachsen Stauden wie Rhabarber und Weinraute, und die Krautschicht setzt sich jedes Jahr wechselnd aus Minze, Melisse, Zuckerschoten und Kartoffeln u.v.m. zusammen. So sind alle Ebenen sinnvoll aufeinander abgestimmt und in einem Beet vereint. Es gibt auch ein Beet ohne Baum und Strauch, da hier überwiegend sonnenhungrige Küchenkräuter stehen, die keinen Schatten benötigen. In diesen Baumscheiben ist der Boden locker, humusreich und voller Bodenleben im Vergleich zum ursprünglichen Boden.

Die Selbstversorgung steht für mich nicht im Vordergrund. Vor allem den **Gemüseanbau** überlasse ich gerne den Fachleuten, wie Biobauern und SoLaWi-Initiativen (Solidarische Landwirtschaftsinitiative) und kaufe dort ein. Wichtig ist mir aber, essbare Pflanzen und Früchte für mich und die Tiere im Garten zu finden. Daher habe ich meinen Gemüseanbau reduziert auf Stangenbohnen, Dicke Bohnen, Erbsen, Zuckererbsen, Kürbis und Zucchini, Ewigen Kohl, Gemüse- und Sauerampfer, Feldsalat und Winterpostelein. Im Frühling baue ich ein kleines Foliengewächshaus auf, in dem ich die Pflanzen vorziehe.

Auch die **Ruheplätze** sind genau geplant. Im Sommer treffen die ersten Sonnenstrahlen auf die nordwestliche Ecke, so dass dies meine „Espresso-Ecke“ wurde, in der ich schon vor der Arbeit in morgendlich kühler Sonne meinen ersten Espresso genießen kann; und unter dem zwei Meter breiten Dachvorstand befindet sich eine Hängematte für die Siesta, um nur zwei Beispiele zu nennen.

## Besonders gute Erfahrungen

Auf dem Grundstück befanden sich viele Thujen, die ich als Ressource nutzte, um sofortigen Sichtschutz an der Westseite zu haben, wo in 20 m Entfernung ein stark genutzter Spazier-, Rad- und Wanderweg entlang führt. Das hat sich hervorragend bewährt. Mittlerweile habe ich die Thujen abschnittsweise gefällt, weil die Vegetation hinter dem Grundstück hoch genug ist.

Ein PermaBlitz ist ein Aktionstag, zu dem interessierte Menschen eingeladen werden, gemeinsam im Garten etwas zu gestalten. Dies hat sich für mich als eine sehr wertvolle Ressource erwiesen, da so an einem Tag viel umgesetzt werden kann und ich außerdem Menschen Permakultur und einen naturnahen Garten näherbringe.

5 Blick aus der Hängematte in die Natur

6 Baumscheibe mit Mispel und einer Stützmauer aus Büchern

Da das Grundstück in einem Wohngebiet im Tal liegt, habe ich zu den vier markanten Sonnenständen am 21. März und September sowie zur Sonnwende am 21. Juni und Dezember den Verlauf von Sonne und Schatten im Stundentakt kartiert. Das hat sich als sehr wichtig und nützlich erwiesen, um den richtigen Standort für Beete, Pflanzen, Sitzecken, Pilze und Gewächshaus zu finden.

7 Teichufer: Ringelnatter verschlingt Teichfrosch

8 Permablitz-Teilnehmer vor dem fertigen Hügelbeet

## Weniger gute Erfahrungen mit Lerneffekt

Der vielzitierte Naturteich, der sich ohne jegliche Technik und sich nur mit den richtigen Pflanzen selbst reinigt und erhält, hat bei mir nicht funktioniert. Die kleinen Bäume spendeten noch nicht genug Schatten, das Wasser erwärmte sich im Frühling und Sommer zu stark, die Algenbildung und die Sedimente waren enorm. So habe ich mich nach langen Recherchen in 2010 zu einer Pumpe mit einfachen Filtermatten entschieden. Gegen den Algenbefall läuft von April bis Oktober diese Pumpe in Ergänzung zu weiteren zwei Maßnahmen: Erstens behandle ich das Wasser jährlich mit Effektiven Mikroorganismen (EM) und zweitens ziehe ich den anwachsenden Nährstoffüberschuss mit Stroh heraus. Dazu lege ich im Frühjahr mehrere Bio-Strohballen in das Wasser. Diese entnehmen dem Wasser Nährstoffe, um den Rotteprozess zu starten. Nach ca. 8 - 10 Tagen müssen die Strohballen raus, bevor sie in den Verrottungsprozess übergehen und die gespeicherten Nährstoffe wieder in den Teich abgeben. Das Stroh nutze ich zum Mulchen und Düngen für Beete oder für die Pilzzucht.

## Fazit nach 10 Jahren Hausgarten

Der Zustand meines Gartens steht und fällt mit der Zeit, die mir zur Verfügung steht. In arbeitsreichen Jahren sieht der Garten etwas vernachlässigt aus, in anderen Jahren verzaubert er. Aus heutiger Sicht würde ich mit dem Pflanzen der Bäume mutiger sein und direkt nach dem Hausbau beginnen, da es viel Zeit benötigt, bis sie groß sind. Mein Garten gefällt mir genauso wie er ist. Er bietet mir Ruhe und gibt mir Kraft, und ich entdecke immer wieder neue Tiere und Pflanzen darin. Er lässt genug Freiraum, um jährlich mit Freude und Kreativität neue Gestaltungsideen zu realisieren, und hat andererseits genügend langjährige Strukturen, die dem ganzen einen klaren Rahmen setzen.

# 5.7 Karl-Erwins Garten

Text und Bilder von Karl-Erwins Frau

**Prolog:** Eines Tages im Jahr 2011 begab es sich, dass eine Frau ein altes Haus im unterfränkischen Main-Tal erwarb und dieses Haus auf den Namen „Karl-Erwin" taufte. Karl-Erwin stand vorher ca. 25 Jahre leer und entsprechend gab es eine Menge Arbeit.

Nach fünf arbeitsreichen Jahren war die Sanierung geschafft: 95% Eigenleistung, ökologische Baumaterialien und alte Techniken wurden verwendet. Sofern möglich, hat Karl-Erwins Frau Material regionaler Hersteller und aus zweiter Hand benutzt. Gestrichen und verputzt wurde mit Kalk und Main-Sand, geheizt wird in Einzelöfen mit Holz aus dem heimischen Spessart, gedämmt wurde mit Holzfasern, und kaltes Wasser wird auf einem über 100 Jahre alten Küchenherd erwärmt. Das Haus ist nun günstig und nachhaltig im Unterhalt, und alles ist ein wenig so wie zu früheren Zeiten.

Karl-Erwin ist natürlich umgeben von einem Garten, d.h. ursprünglich von einer 1500 $m^2$ großen Wiese mit 6 Bäumen. Auch um den Garten hatte sich fast 25 lange Jahre niemand so richtig gekümmert.

Das änderte sich nun, denn der sonnige Südwesthang mit Blick auf Main und Spessart inspirierte die junge Frau dazu, hier einen wunderbar vielseitigen Garten entstehen zu lassen. Karl-Erwins Frau hat viele Informationen in ihrem Internet-Blog zusammengesucht und -getragen. Wer mehr wissen möchte, suche einfach im Internet nach „Karl-Erwin". (karl-erwin.blogspot.de)

**Gesamtgröße des Gartens:** 1500 $m^2$

**Bewirtschaftet von:** Karl-Erwins Frau

**Kern-Elemente der Anlage**: Gemüsegarten, unübliche Obst- und Beerengehölze, Staudenbeete, Hühner- und Hundefläche, Gewächshaus und Wintergarten

**Aufwand für Gestaltung und Erhaltung:** Die Stunden sind ungezählt und meist mit Genuss verbracht. Hauptaufwand der letzten Sommer war die Versorgung der jungen Gehölze und Stauden mit Wasser.

Aus der Wiese wurde in mühevoller Kleinarbeit ein Mandala-Beet mit einer Sonnenfalle aus Bruchsteinen im Norden. Es entstanden bisher mehrere Staudenbeete (je weniger Wiese, desto besser), ein großer Hühnerauslauf nebst -stall, ein Schuppen, eine für die Hunde und Enten reservierte Fläche, eine Terrasse und ein Gewächshaus aus alten, recycelten Fenstern.

1 Garten-Waschplatz mit Solaranlage (Regenwasser)

2 Ansicht der Südseite des Hauses mit Nistkästen

3 Das Mandalabeet in der Perspektive

Der lehmig-sandige Boden wird vor dem Winter mit Blättern und Kartons abgedeckt, um das Bodenleben zu schützen. Das Umgraben übernehmen die Hühner im Frühjahr, sie versorgen sich dabei gleich selbst mit Würmern und Grünkohl und düngen die Beete mit ihrem Mist.

Der anfallende Grünschnitt verbleibt komplett auf dem Grundstück: Äste werden entweder zwischen Pflöcken aufgeschichtet und dienen als Barrieren, Windbrecher und Vogelbrutstätten. Oder sie kommen auf's Lagerfeuer. Die Asche ist ein guter Dünger.

Das Wasser der Dächer wird in Tanks und Zisternen aufgefangen, so dass der Garten vollständig mit Regenwasser versorgt werden kann (außer im Höllen-Sommer 2015).

## Besonders gute Erfahrungen

1. Nie mehr ohne Komposttoilette! Der Urin wird mit Wasser verdünnt (Verhältnis 1:10) direkt zur Düngung verwendet. Die festen Bestandteile (aufgefüllt wird mit Holzspänen, die beim Brennholzsägen anfallen) kommen für mindestens zwei Jahre in den Wurmkomposter. Das funktioniert selbst im Sommer ohne Gestank und ergibt wertvollsten Kompost.
2. Beerensträucher vor Obstbäumen – sie sind wesentlich einfacher zu beernten und zu pflegen.
3. Nachzucht von eigenem Saatgut, sofern möglich.
4. Warmwasserbereitung im Sommer mit einer kleinen, selbst gebauten Solaranlage im Garten.
5. Mischkultur in allen Beeten. Ich lasse etwas Kohl oder Schwarzwurzel im Staudenbeet blühen. Die blühenden Stauden und Einjährigen im Gemüsebeet locken dann Insekten zum Bestäuben an. Außerdem ist es so viel hübscher anzusehen.
6. Alle nicht benötigen Flächen im Beet werden abgedeckt oder mit Gründüngung eingesät.

4 Großer Deutscher Langschan Hahn (bedrohte Nutztierrasse, höchste Kategorie)

7. Schöne, gesunde Pflanzen entstehen oft durch Selbstaussaat. Das ergibt zwar keine ordentlichen Beete, spart mir aber jede Menge Arbeit. Überzähliges Rauszupfen ist einfacher als Einpflanzen, spannender ist es auch.
8. Zum Umwandeln von Wiese in Beete: Über den Winter mit alten Kartons abdecken. Im Frühjahr Löcher reinstechen, Pflanzen einsetzen, fertig. Hübscher wird es, wenn man über den Kartons Mulch aus Hackschnitzeln ausbringt. Natürlich vom örtlichen Sägewerk.
9. Futterpflanzen gehen vor Nisthilfen! In einem „unordentlichen" Garten ergeben sich Nistmöglichkeiten von ganz allein. Blühpflanzen für Insekten (auch nachtblühende für nachtaktive Insekten – unterstützt die Fledermäuse) habe ich so ausgewählt, dass das Sommerloch (Juni - August) gefüllt wird.

## Weniger gute Erfahrungen mit Lerneffekt

Ich weiß mittlerweile, dass man sich mit Saatgutvermehrung beschäftigen sollte, *bevor* man damit anfängt. Saatgut für Kohlsorten, Mais und alle Kürbisgewächse kaufe ich nun, nachdem ich im Sommer 2015 nur noch Zierkürbisse und 15 cm hohen Rosenkohl ohne Röschen ernten konnte.

Die Menge der Pflanzen, die viel Aufmerksamkeit brauchen – wie z.B. Tomaten – schränke ich

5 Steinmauer im Mandala-Beet mit Weidenumzäunung

6 Holzverschalung und Vordach (mittlerweile umgebaut zum Wintergarten)

7 Zerkleinerung von Gründüngung für den Kompost

8 Immer mal wieder zwischendrin: Totholz

9 Chilis von zwei Pflanzen aus 2014

11 Samen der Mariendistel

jetzt stark ein. Wenige Pflanzen tragen bei guter Pflege genauso viel wie viele Pflanzen bei schlechter Pflege.

## Fazit der bisherigen Zeit

Auch wenn es manchmal ganz schön hart und anstrengend war, bin ich glücklich, dass ich alles so gemacht habe (auch wenn es oft umständlicher war als die Standardverfahren).

Nach fünf Jahren harter Arbeit musste ich erst wieder lernen, nichts zu tun. Der Garten hilft mir dabei. Ich kann hier kreativ sein, Neues ausprobieren. Garten*arbeit* ist für mich eigentlich eher Garten*vergnügen*; die Entspannung und Zufriedenheit kommt dabei von ganz allein.

Bezüglich des Gemüse- und Obstanbaus: Ich muss nicht alles essen und einmachen, was reif ist. Mittlerweile (wenn selbst Nachbarn und Freunde versorgt sind) freuen sich die Hühner über zu viel Kohl, Salat und Beeren, und ich erspare mir den Stress, bei 35°C im Schatten in der Küche zu stehen und einzukochen.

10 Tomaten 2014

# 5.8 Hausgarten Permakulturreich

Text und Bilder von Dr. Sylvia Hutter

**Standort und Lage:** Ursprünglich ein konventioneller Hausgarten mit viel Rasen und immergrünen Sträuchern, aber auch einigen Obst- und Nussbäumen. Das Gebiet ist geprägt von sandigem Boden und wenig Niederschlag.

**Gesamtgröße der Anlage:** 1100 m$^2$

**Bewirtschaftet von:** Dr. Sylvia Hutter und Dr. Jens Turowski

**Kern-Elemente der Anlage:** Gemüsebeete, Pilzgarten und fruchttragende Sträucher und Bäume

**Aufwand für Gestaltung und Erhaltung:** Für das Entfernen von Sträuchern/Bäumen und das Anlegen der Gemüsebeete und des Pilzgartens wurden ca. 50 Std. investiert. Die Anschaffungskosten für Pflanzen und Hölzer für die Pilze betrugen etwa 500 €. Für Pflege und Erhaltung benötigen wir durchschnittlich 3 Std./Woche und ca. 70 €/ Jahr.

Nun leben wir schon knapp 3 Jahre, seit Winter 2013, auf unserem Grundstück mit bestehendem Einfamilienhaus. Das Gelände befindet sich zwischen weiteren bebauten Grundstücken in Caputh, einem Ortsteil der Gemeinde Schwielowsee, in der Nähe von Potsdam und Berlin.
Wir hatten den Wunsch, mit wenig Arbeitsaufwand in unserem Garten Nahrungsmittel zu erzeugen und eine gemütliche Oase zum Erholen zu schaffen.

Um herauszufinden, wo zukünftige Pflanzen und weitere Elemente ihren Platz bekommen, machte ich zu verschiedenen Tageszeiten Rundgänge im Garten und habe mir alles sehr genau angesehen. Beispielsweise entdeckte ich sehr sonnige Abschnitte, die ideal für die meisten Gemüsepflanzen und Obststräucher/Bäume sind. Im hinteren Garten befindet sich ein vollschattiger, feuchter Bereich vor einer Mauer und einem großen Haselstrauch, der sich für den Anbau von Speisepilzen anbot. Der Gartensitzplatz und die Hollywood-Schaukel würden unter dem großen Nussbaum gut aufgehoben sein, da das dichte Blätterdach im Sommer für ein schattiges und angenehmes Mikroklima sorgt.

Anfang 2014 begannen wir damit, Gemüsebeete anzulegen: Als erster Schritt wurden Sträucher und Bäume entfernt. Auf dem Grundstück vorhandene Granitsteine benutzten wir zur Anlage von Beetbegrenzungen. Um das Gras loszu-

1 Blick auf den langen und schmalen Hausgarten aus dem Wohnhaus im 1. Stock.

2 Der Höhenunterschied zwischen vorderem und hinterem Gartenabschnitt wurde mit einer Steinmauer und einer Betonmauer (hinter den Ziegeln) stabilisiert.

3 Blick in den hinteren Gartenabschnitt

4 Im linken Vordergrund und rechts etwas weiter hinten befinden sich Gemüsebeete, die mit Fruchtfolge bewirtschaftet werden. Beispiel für ein Beet: erstes Jahr Kartoffeln, zweites Jahr Kürbis/Zucchini, drittes Jahr Kohlgewächse und viertes Jahr Mais. Im 5. Jahr sind wieder die Kartoffeln dran usw.

5 Das im Halbschatten liegende Beet für mehrjährige essbare Pflanzen und einjährige sich selbst aussäende Pflanzen ist mit Granitsteinen vom Rasen getrennt.

6 Unter dem Walnussbaum wurde der Gartensitzplatz mit Abbruchziegeln angelegt. Dahinter befindet sich ein Teil des Brennholzlagers, das vor Wind und Blicken schützt.

7 Die Gemüsebeete werden mit verschiedenen Pflanzenmaterialien gemulcht. Das Kartoffelbeet im Vordergrund ist mit Rasenschnitt bedeckt, hinten links liegt Walnusslaub auf dem Beet, das im Spätherbst dort platziert wurde.

werden, wurde Pappe ausgelegt. Darüber kamen Blätter und Kompost. Danach bohrten wir einige Löcher in die Pappe und setzten verschiedene vorgezogene Gemüsepflanzen ein.

Neben ein- und mehrjährigem Gemüse und verschiedenen Kräutern kamen nach und nach Beerenobststräucher wie Johannisbeeren, Maibeeren, Brombeeren und Himbeeren in den Garten. Auch Obstbäume (Apfel, Mispel) wurden gepflanzt. Für den Pilzgarten haben wir Buchenstämme mit Pilzmyzel von Speisepilzen beimpft und sie, nachdem sie fertig durchwachsen waren, an dem schattigen, feuchten Platz eingegraben.

## Besonders gute Erfahrungen

- Kräuter wie Oregano, Thymian, Salbei und mehrjähriges Bohnenkraut fühlen sich sichtlich wohl im sonnigen, mageren Bereich des Gartens.
- Einige einjährige Gemüsepflanzen sind sehr ertragreich, wenn sie genügend Licht, Futter und Wasser bekommen. Sehr gute Erfahrungen haben wir mit der Kohlrabisorte „Superschmelz", mit der Kürbissorte „Langer von Neapel" sowie mit diversen Mangold- und Zucchinisorten gemacht.
- Diverse mehrjährige essbare Pflanzen (z.B. Helgoländer Wildkohl und Winterheckenzwiebel) gedeihen gut in halbschattigen Bereichen und versorgen uns ohne viel Arbeitsaufwand mit frischem Grün.
- Wildpflanzen sind robust und gedeihen prächtig ohne Pflegeaufwand. Mittlerweile haben wir in ziemlich großen Mengen Löwenzahn, verschiedene Taubnesseln, Knoblauchrauke, Brennnessel und Vogelmiere im Garten. Der Arbeitsaufwand besteht darin, die Pflanzen zu ernten. Mit einer Schere gelingt das sehr gut und dauert nur wenige Minuten.
- Der Pilzgarten im schattig feuchten Bereich des Gartens bereichert unseren Speiseplan mit frischen Speisepilzen von Hölzern. Nach einigen

8 Das Spargelbeet wurde im dritten Standjahr erstmals beerntet und soll etwa 15 Jahre halten. Zwischen dem Spargel tummeln sich u.a. Gundermann als Bodendecker und die Zaunwicke, die mit Luftstickstoff den Boden düngt.

9 Im hinteren Garten befinden sich Hochbeete und Hügelbeete für ein- und mehrjähriges Gemüse

10 Diese Beerensträucher haben eine Mulchmischung aus Moos und Gras erhalten. Die Nachbarn waren froh, dass sie diesen „Abfall" loswürden.

11 (oben links)
Der Pilzgarten befindet sich im schattigsten Teil des Gartens vor einer Mauer unter der Hasel. Frisch geschnittene Buchenstämme wurden mit Myzel von Austern- und Lungenseitling beimpft und nach der Durchwachsphase zu zwei Dritteln im Boden vergraben.

12 (oben rechts)
Diese Gründüngung, bestehend aus Phacelia, hält größtenteils unerwünschte Pflanzen fern.

13 Essbare mehrjährige Pflanzen: Zitronenmelisse, Estragon, Thymian, Oregano, Löwenzahn

14 Essbare mehrjährige Pflanzen: Süßdolde, Brennnessel, Helgoländer Wildkohl, Löwenzahn und Rucola (=Schmalblättrige Doppelsame)

15 Den Helgoländer Wildkohl kann man auch im Winter ernten.

Jahren werden die „Pilzhölzer“ ausgetauscht, da sie nur solange Speisepilze hervorbringen, wie sie Futter haben.

- Toll finden wir die Obst- und Nussbäume. Hier ist das Bestreben, mit wenig Aufwand viele Nahrungsmittel zu erzeugen, am besten sichtbar. Beispielsweise liefert der ausgewachsene Nussbaum jährlich etwa 70 kg Nüsse. Das reicht für uns, weitere Familienangehörige, Nachbarn und Freunde. Der Arbeitsaufwand besteht darin, die Nüsse im Herbst aufzusammeln, sie zum Trocknen auszulegen und dann für die Aufbewahrung in Schachteln zu füllen.
- Die Blätter der Bäume werden im Herbst als Mulch für die Beete verwendet. Da wir nicht genügend Blätter für alle Beete zur Verfügung haben, karre ich von Nachbarn das Laub in unseren Garten. Die Nachbarn freuen sich, dass sie ihr Laub loswerden, und wir freuen uns über den Zuwachs an Biomasse in unserem Garten.
- Da es sich um ein langes und schmales Grundstück handelt, haben wir den Hauptweg mittig angelegt. So sind alle Gartenabschnitte gut zu überblicken und zu erreichen. Bei der Wahl der Bäume haben wir darauf geachtet, dass sie nicht allzu groß werden. So werden die Nachbargrenzen beachtet und die Gemüsebeete vor zu viel Verschattung bewahrt.

16
In der „sauren Ecke“ gedeihen Rhododendron, Kulturheidelbeere, Preiselbeere und Moosbeere. Sie werden mit Nadelzweigen und Kaffeesatz „gefüttert“.

17
Auf dem Erdbeerfeld stehen auch Gundermann und Stiefmütterchen, die nicht nur hübsch aussehen, sondern auch etwas ungewöhnliche Salatpflanzen sind.

18
Hochbetrieb im Pilzgarten ist im Spätsommer und Herbst. Von unseren 120 beimpften Stämmen können wir dann mehrmals in der Woche die Pfanne befüllen. Öfters kann man aber auch im Frühling und Frühsommer ernten.

## Weniger gute Erfahrungen mit Lerneffekt

- Da wir aufgrund von Materialmangel nicht alle Gemüsebeete auf einmal anlegen konnten, haben wir einige vorgezogene Gemüsepflanzen wie Kürbis, Zucchini und Brokkoli direkt in den Rasen eingepflanzt. Trotz Düngergaben waren die Erträge gering. Der Grund dafür liegt vermutlich darin, dass das Gras starke Konkurrenz gegenüber den Gemüsepflanzen ausgeübt hat.
- Auf einigen Grasabschnitten habe ich Strauchschnitt als Mulch aufgetragen und darüber Pappe gelegt. Als ich nach einem Jahr den Boden für Pflanzungen lockern wollte, waren die hölzernen Teile des Strauchschnitts noch nicht verrottet. Das hat die Bearbeitung etwas erschwert.
- Die Schneckenplage macht auch vor unserem Garten nicht Halt. Nachdem wir einige Gemüsepflanzen gesetzt hatten, war wenige Tage später alles kahl gefressen. Das wollten wir nicht nochmal erleben und haben daher entschieden, die Schnecken einzusammeln. Der Monat Mai ist der arbeitsintensivste, um den Schnecken Einhalt zu gewähren. Beinahe täglich machen mein Mann und ich uns abends auf die Suche. Ab Anfang Juni ist der Schneckendruck nicht mehr so hoch, und die meisten Pflanzen sind schon ziemlich robust. Daher wird nur noch gesammelt, nachdem es viel geregnet hat.

## Fazit der bisherigen Zeit

Das Grundstück wird nun schon einige Zeit von uns gestaltet und gepflegt. Die Gartenarbeit ging anfangs ein wenig holprig vonstatten, da wir nicht viel Erfahrung damit hatten. Mittlerweile aber wissen wir schon, wann was zu tun ist und was die Pflanzen von uns benötigen.

Wir möchten nicht auf diverse einjährige Gemüsesorten verzichten, was natürlich Säen, Gießen, Pflegen, Ernten und Verarbeiten mit sich bringt. Das bedeutet einen gewissen Aufwand, aber die Gartenarbeit ist mittlerweile zu einem schönen Hobby geworden. Wenn es nichts zu tun gibt, genießen wir es sehr, vor allem in den Sommermonaten, im Garten zu sein und die Seele baumeln zu lassen.

Eine der Gestalter dieses Gartens, Dr. Sylvia Hutter, gibt Kurse über wilde und kultivierte Pilze und Pflanzen.

Weitere Infos auf der Webseite: www.pilzreich.de

19
Die Komposthelfer im zweiteiligen Kompostplatz, angeführt von Würmern, werden mit Abfall aus Küche und Garten gefüttert. Sie freuen sich auch über verdorbenes Gemüse vom Dorfbioladen. Eins der Abteile wird bestückt, während das andere für ein Jahr rastet.

20
Im Spätwinter werden Pflanzen wie Tomate und Paprika im Wintergarten vorgezogen. Sobald das Wetter stimmt, werden die Setzlinge auf die Terrasse zum Sonne tanken gebracht, bis sie Mitte Mai dann in die Beete ausgepflanzt werden.

# 5.9 Arche-Hof Sehl

Text und Bilder von Johannes Sehl

**Standort und Lage:** Resthof mit Scheune, Stall und Garten. Der Garten war bis Mitte 2014 eine brachliegende Streuobstwiese am Nordhang, mit verwilderten und abgestorbenen Obstbäumen sowie anderen großen Gehölzen, wie Walnuss und Fichte.

**Gesamtgröße der Anlage:** 1.200 m² (davon ca. 1.000 m² Garten)

**Bewirtschaftet von:** Johannes Sehl

**Kern-Elemente der Anlage:** Das Selbstversorger-Huhn, d.h. das Huhn, das sich weitgehend selbst versorgt, sowie Weide, Obst- & Nussgehölze.

**Aufwand für Gestaltung und Erhaltung:** Das zentrale Gestaltungselement ist die Zucht des Selbstversorger-Huhns, das sich weitgehend selbst versorgt und nicht auf Zufütterung angewiesen ist. Dafür war das verwilderte Grundstück mit seinen Bäumen, Sträuchern und Brombeer-Inseln sowie der Wiese, dem Hof und dem alten Stall perfekt vorbereitet, da so überall Schutz für die Tiere vorhanden war.

Im Norden des Grundstücks pflanzten wir eine „Schlecht-Wetter-Bremse“ in Form von Brombeeren, Esskastanien, Haselnüssen, Felsenbirnen und Apfelbäumen. Die Gehölze kosteten ca. 150 € und wurden in ca. 20 Stunden gepflanzt. Des Weiteren haben wir die Gehölze durch einen Verjüngungsschnitt gepflegt und erhalten.

Aufgrund der brisanten Situation mit den überzüchteten Legehennen in der (Öko-)Landwirtschaft war es uns ein Anliegen, einen Garten zu gestalten, der sich im Einklang mit Hühnern bewirtschaften lässt. Da nur ein gesunder Boden gesunde Pflanzen, gesunde Tiere und gesunde Menschen hervorbringen kann, bestand der erste Planungsschritt darin, zu schauen, welche Hühner für solch eine Bewirtschaftung in Frage kommen und welche Maßnahmen für sie erforderlich sind.

Ich wurde auf die Altsteirer Hühner aufmerksam. Sie sind vom Aussterben bedroht und daher schwer zu bekommen. Die Rasse eignet sich jedoch in allen Anforderungen hervorragend als Huhn, das sich weitgehend selbst versorgen kann: gute Futtersucher, Robustheit, Lauffreudigkeit und ausgeprägter Bruttrieb. Die aktuelle Zuchtsituation beschränkt sich lediglich auf das Aussehen der Tiere. Im ersten Schritt schaute ich, wie sich die Tiere im Gehege verhalten, wie sie sich bewegen und wie sie mit der Umwelt umgehen.

1 Der Hahn vor seinem Lieblingsbusch (Hartriegel)

2 Die Hühnerweide und der Lieblingsbusch im Winter

3 „Früh übt sich“, ob als Jäger oder ganz entspannt

4 Sie haben die selbstgemachte Aktivkohle zum Fressen gern

5 Kükenfutter lassen sich ausnahmsweise alle schmecken

Jede ausgewachsene Henne bekommt 40 $m^2$ Freiland-Fläche. In dem 1.000 $m^2$ großen Garten können demnach 25 ausgewachsene Tiere leben. Während der Aufzucht der 25 Hennen leben die 25 Hähnchen bis zum 5. Monat mit in der Herde. Die Hähnchen werden dann von einem Metzger geschlachtet. Diese Fleischqualität ist für Geld nicht erhältlich. Auch die besonders schönen Federn stellen einen Wert da.

Als erste Beobachtung war ich begeistert von dem Bild, das sie auf der Weide bieten. Der Verbiss des Grases durch die Hühner erzeugt eine geschlossene Grasnarbe, in der Kräuter ihren Platz finden. Das gelegentliche Scharren auf einer so

6 Junghahn und Junghenne (von links nach rechts)

7 Küken mit einer Woche; Die Flügel sind bereits befiedert

großen Fläche gibt der Artenvielfalt eine besonders große Chance, sich zu etablieren. Die Hühner scharren sogar das Moos aus dem Gras und fressen es begeistert, genau wie sie die unbeliebten braunen Nacktschnecken verspeisen.

Das Gemüsebeet, das gegenüber der Südfassade des Hauses von den Vornutzern noch zu erkennen ist, wird, wenn der Gemüseanbau wieder aufgenommen wird, eingezäunt, damit die Hühner dort nicht fressen. Nur im Winter, wenn keine Kulturen mehr auf dem Gemüsebeet stehen, dürfen die Hühner auch diesen Boden durcharbeiten und von allem Unliebsamen befreien. In den anderen Jahreszeiten laufen die Hühner um das eingezäunte Gemüsebeet herum und sorgen dafür, dass der Schädlingsdruck möglichst gering bleibt.

8 Küken aus Kunstbrut unter der Wärmelampe

## Besonders gute Erfahrungen

Die Vielfalt der Hühner-Weide hat mich am meisten beeindruckt. Der enorm hohe Kräuteranteil bietet die Möglichkeit, auf einer großen Fläche die notwendige Arbeit auf das Ernten zu beschränken. Ob im Salat oder im Wildkräuter-Omelett, die aromatischen Kräuter entwickeln gerade im Frühjahr einen gehaltvollen und wohltuenden Geschmack.

Durch die Haltung der vom Aussterben bedrohten Altsteirer Hühner wurde der Resthof als Nutztier-Arche anerkannt. Das ist gut für die Vermarktung und die Vernetzung, da der Mehrwert der Produkte für die Kunden verständlicher wird und die Kollegen mit Rat und Tat zur Seite stehen.

Der Futterbedarf der Tiere ist sehr gering (ca. 100 g Futterweizen pro Tag) und die Legeleistung gut. Sie sollen 180 Eier im Jahr legen. Oft ist es mehr als zweitäglich ein Ei pro Tier.

Den anfallenden Grünschnitt von den Hecken und Sträuchern, die auch den Hühnern Schutz bieten, verwandele ich nach dem „Kon-Tiki-Verfahren“ zu Aktivkohle (eine Art Pyrolyse-Verfahren, bei dem das Feuer von oben nach unten abbrennt und die Glut im richtigen Moment mit Wasser gelöscht wird). Neu war für mich die Beobachtung, dass die Hühner die Aktivkohle verspeisen, gerade wenn sie nass ist. Anscheinend

9 „Adam und Eva“, die beiden ersten erwachsenen Tiere aus eigener Brut auf der Stalltür

10 Schon die Jungtiere sind überall „zuhause“

11 Die Hühnerweide mit Gräsern und Kräutern, mit einem gewissen Anteil an Leguminosen

12 Glucke mit ihren Küken bei der Wassertränke

13 Blick aus dem Küchenfenster: Ordnungsmuster in denen überall etwas zu endecken ist

hat sie einen positiven Einfluss auf die Verdauung. Der Kot der Tiere färbt sich dann schwarz mit den üblichen weißen Schlieren und stinkt nicht mehr so! Wenn der aktivkohlehaltige Kot von den Hühnern auf die Weide getragen wird, trägt dieser Kot zu einer guten Humusbildung bei. Selbstverständlich ist Aktivkohle auch wunderbar als Einstreu im Hühnerstall geeignet.

## Weniger gute Erfahrungen

Nach einem guten Jahr mit meiner Hühnerzucht entdeckte der Habicht meine Hühner – ein wunderschönes, prächtiges und elegantes Wesen.

Die Hühner verstecken sich dann schnell im Dickicht und der Hahn schimpft wie ein Rohrspatz. Wenn ich das höre und schnell genug herausrenne, gelingt es mir, den Habicht zu verscheuchen, ohne dass er Hühner tötet. Er ist dann so verschreckt, dass er sich eine längere Zeit nicht blicken lässt. Doch die Verlockung scheint zu groß. Er kommt immer wieder. Daher werde ich Herdenschutzhunde anschaffen. Diese sind sehr

14 Der Brutkasten für die eigene Nachzucht

schwer zu bekommen und teuer. Aber bei der besonderen extensiven Haltung der Tiere, die auf eine Selbstversorgung der Hühner abzielt, ist ein Schutz durch Netze über dem Gehege und dergleichen nicht denkbar. Auch Vogelscheuchen helfen nur eine kurze Zeit.

Der Hund erfüllt natürlich auch andere gute Funktionen, indem er den Hof Tag und Nacht nicht nur vor den Fressfeinden der Hühner beschützt.

15 „Wie die Hühner auf der Stange"

16 Schon als Junghennen geht es über Stock und Stein

17 Der Chef persönlich

## Fazit der bisherigen Zeit

Das Altsteirer Huhn eignet sich hervorragend für eine Hühnerhaltung, bei der sich die Hühner weitgehend selbst versorgen. Es ist anspruchslos, robust und brütet gerne. Bei ausreichendem Auslauf sorgt es selbst für ein vielseitiges und artenreiches Umfeld, welches einer weiteren Nutzung z.B. als Streuobstwiese, Waldgarten oder Agroforstsystem nicht widerspricht.

Sicherlich ist es von Vorteil, weitere Tiere auf der Fläche zu halten, um ein noch schöneres Bild auf der Weide zu schaffen. „Schafe haben goldene Klauen", sagt eine alte Bauernweisheit, da sie mit ihren recht kleinen „Füßen" die Mauselöcher und -gänge zutreten und die Gräser durch den Tritt teilen, wodurch sie vermehrt werden. Auch der Misthaufen, der durch andere Tiere anfällt, wäre für die Versorgung der alles fressenden Hühner sicherlich ein Gewinn.

Trotz einiger Verluste durch den Habicht kann ich mittlerweile meine Hühner durch eigene Nachzucht im Brutkasten vermehren. Ich mache noch keine exakten Studien über die Legeleistung, doch habe ich täglich mehr als halb so viele Eier wie ich Hennen habe, obwohl die Altsteirer Hühner laut Literatur nur 180 Eier pro Jahr legen sollen. Und der Wildkräuter-Anteil auf der Hühnerweide ist für Selbstversorger sehr interessant.

# 5.10 Permakultur-Park Bischbrunn

**Standort und Lage:** Ehemals brachgelegene Wiese in sonniger Lage. Viel Wind von allen Seiten. Lehmiger, karger Boden, anfangs fast ohne Humus-Anteil. Eher kühles und feuchtes Klima.
**Gesamtgröße der Anlage:** 11.500 m²
**Bewirtschaftet von:** Hermann und Jonas Gampe
**Kern-Elemente der Anlage:** Essbare Feldhecken, Obstgehölze, Heu-Felder, Biotope

**Aufwand für Gestaltung und Erhaltung:** Für die Erstanlage der Grundstruktur ca. 200 Stunden und 2.300 € für Pflanzen, Material und Maschinen. Für Pflege und Erhaltung durchschnittlich ca. 3 Stunden pro Woche und 250 € pro Jahr für Saatgut, Material und Maschinen. (Aufwendungen für Experimente und andere Klein-Projekte, die nicht für Anlage und Erhalt des Gesamtsystems erforderlich waren, sind hier ausgenommen)

Im Sommer 2009 kauften mein Vater und ich das nur 33 m schmale, dafür gut 350 m lange Agrar-Grundstück nahe der Ortschaft Bischbrunn am Rande des Spessarts. An die exponiert liegende Wiese, die damals aufgrund des kargen Bodens nur zur Heugewinnung genutzt wurde, schließen sich ringsherum konventionell bewirtschaftete Felder an. Lediglich im Süden trennt eine Feldgehölz-Hecke der Gemeinde den nächsten Acker ab. Auf dem Grundstück selbst waren außer der Wiesenfläche nur 6 ältere Apfelbäume vorhanden.

In der Planungsphase wurden die Wünsche zusammengetragen: die Fläche sollte in Zukunft Familie und Bekannte mit hochwertigen Früchten, Kräutern und Gemüse versorgen, neue Lebensräume für unterschiedlichste Tier- und Pflanzenarten sollten geschaffen werden und zugleich sollte Raum für Experimente, Seminare und Workshops entstehen. Daraufhin erstellten wir ein Gesamt-Konzept, das die klimatischen Bedingungen, die Gegebenheiten vor Ort und auch den Wunsch nach einem geringen Material-, Maschinen- und Arbeits-Einsatz berücksichtigte. Das Motto hierbei war: „Möglichst wenig machen müssen, möglichst viel machen können". Zudem wurde die Grundstruktur so geplant, dass ein hoher Grad an Multifunktionalität erreicht wird. So wird beispielsweise jede gewünschte Funktion von mindestens vier, oft sogar über zehn verschiedenen Elementen abgedeckt, und umgekehrt deckt jedes Element unterschiedliche Funktionen ab.

1 Der ursprüngliche Zustand der Fläche nach dem Kauf im Jahr 2009

2 Für einen Tag hatten wir uns einen Bagger geliehen, mit dem wir die drei Feuchtbiotope anlegten

Noch im Sommer 2009, also gleich nach dem Kauf, legten wir 3 Feuchtbiotope an und gestalteten mit dem Aushub einige Windschutz-Wälle. Die Sohle der Teichmulden wurde mit einem Vibrationsstampfer verdichtet. An einem weiteren Tag im Herbst haben wir 13 Großbäume mit größtenteils essbaren Früchten gepflanzt, außerdem 24 Obstbäume (ältere robuste Sorten) sowie knapp 600 Sträucher, die eine langgezogene, essbare Feldhecke entlang der Nordseite des Grundstückes bilden, mit einigen Ausläufern in Richtung Süden. Bei diesen beiden größeren Aktionen hatten wir tatkräftige Unterstützung von Freunden und Verwandten.

Im Laufe der nächsten beiden Jahre kamen kleinere Permakultur-Elemente hinzu, wie z.B. ein Insektenhotel, mehrere Bänke, eine Brücke und ein Pizza-Ofen aus Lehm. Mit den Steinen, die bei den Feuchtbiotopen ausgegraben wurden, haben wir Kräuterterrassen und ein großes Eidechsen-Biotop angelegt. Nach einigen Experimenten, wie sich eine Wiese ohne großen Aufwand in ein Beet umgewandelt lässt, kamen wir auf die Heu-Mulch-Methode, die sich bei uns inzwischen sehr bewährt hat. Hierzu häufen wir das nach der Wiesenmahd reichlich vorhandene Heu 80 cm hoch auf der Fläche auf, die im nächsten

3 Solange Regenwasser nachfließt, ist der untere Teich zwar voll...

4 ...im Sommer jedoch komplett leer. Ein guter Standort also für den nun entstehenden Auenwald

5 Mit den Steinen vom Aushub wurde dieser Kräuterhügel angelegt, ...

6 ...der heute so aussieht

Jahr als Beet genutzt werden soll. Innerhalb der folgenden Monate zieht sich die darunterliegende Grasnarbe mangels Licht zurück, das Heu zersetzt sich größtenteils und fördert dadurch eine humose, lockere Erde mit vielen Bodenlebewesen. Im folgenden Frühjahr kann dann die nur noch wenige Zentimeter hohe Heuschicht im direkten Pflanzbereich zur Seite gedrückt und das Gemüse gepflanzt werden.

Auch ein artenreicher Mischwald wurde auf einem Teilbereich von 3000 m² gepflanzt, wozu eine Erstaufforstungs-Genehmigung beim Landratsamt beantragt werden musste. Von Beginn an haben wir Besucher und Spaziergänger zum Entspannen und Beobachten auf das Gelände eingeladen und dafür auch einige Sitzplätze geschaffen. Die verschiedenen Elemente haben wir so angeordnet, dass sie sich mit möglichst wenig Aufwand gegenseitig gut unterstützen können. So wird beispielsweise das anfallende Heu direkt vor Ort zum Anlegen und Nachmulchen von Heu-Beeten und Baumscheiben verwendet. Hecken und Wald bremsen die starken Winde und Spritzmittel aus der Nachbarschaft ab, tragen Feuchtigkeit auf die Gemüseflächen und werfen essbare Erträge sowie Brennholz ab, das für Pizzaofen und Feuerplatz genutzt wird. Vieles an Gemüse, Kräutern und Früchten wird direkt bei den Kursen vor Ort verwendet und so manches Hoch- oder Hügel-Beet wird dabei neu angelegt, natür-

7 Die sechs alten Apfelbäume haben reichlich Nachwuchs bekommen, ...

8 ... der nun auch schon recht groß ist.

9 und 10 Bei den beiden größeren Aktionen am Anfang hatten wir immer fleißige Helfer.

lich mit anfallendem Schnittgut vom Obstbaum- und Gehölzschnitt.

Um auf den für diese Größenordnung recht geringen Arbeitsinput von 3 Stunden pro Woche zu kommen, haben wir viele Aufgaben den natürlichen Prozessen überlassen. So wurden beispielsweise die Feuchtbiotope außer dem Ausgraben und kurzem Verdichten nicht weiter gestaltet. Binsen, Rohrkolben und Weiden siedelten sich von allein an und durch das ständige Aufschwämmen und Versickern von Feinanteilen der Erdböschungen dichten sich die Teiche von selbst immer weiter ab (was allerdings nur funktioniert, wenn im Boden eine ausreichend starke lehm- oder tonhaltige Schicht vorhanden ist, also bei kiesigen oder sehr steinigen Untergründen nicht funktioniert).

## Besonders gute Erfahrungen

Die Gemüsebeete mit dauerhafter Heu-Mulchung übertreffen mittlerweile alle Erwartungen. Gerade in den ersten Jahren gab es zwar einige harte Verhandlungen mit den vermehrt auftretenden Schnecken, die sich unter dem feuchten Heu recht wohl fühlten. Seit dem fünften Jahr der Beetanlage kommen jedoch alle robusten Jungpflanzen gut durch, da sich jetzt auch die Bodenqualität

11 Um Gerüchten vorzubeugen, wurde noch im ersten Jahr eine Infotafel aufgestellt.

12 Zucchini, Kürbis und Kartoffel fühlen sich sichtlich wohl auf dem Heubeet und versprechen reiche Ernte.

13 Die ersten Esskastanien!

14 Einmal im Jahr findet ein mehrtägiger Kurs mit Übernachtung und Bewirtung auf dem Gelände statt.

15 An der Brücke über die Feuchtbiotope zeigt die Felsenbirne schon ihre Herbstfärbung

16 Pizzabacken im Sonnenuntergang

17 Hochbeete mit integrierter Sitzbank und Brotzeittisch

18 Die Gemeinde durfte ihr Schnittgut bei uns abladen. Daraus hat sich ein prächtiges Vogelparadies entwickelt.

von dem sehr kargen Lehm zu einem humosen und lockeren Boden gewandelt hat. Die gute Bodenqualität verdanken wir unter anderem den vielen Schnecken, die in den ersten Jahren fleißig damit beschäftigt waren, das Heu zu zerkleinern und umzuwandeln. Im Sommer 2015 haben wir auf einer Fläche von 130 m² an die 210 kg Hokkaido-Kürbisse, 100 kg Kartoffeln, 80 kg Zucchini und einige Schwarze Rettiche und Wurzel-Petersilien geerntet – und das ohne zu jäten, zu hacken, zu düngen und gießen zu müssen.

Schön anzusehen war auch der gesunde und kräftige Zuwachs der jungen Obstbäume und Esskastanien, deren Wurzelbereiche jedes Jahr mit Heu abgedeckt werden. So müssen die jungen Bäume nicht mit den Wiesengräsern konkurrieren. Trotz des rauen und windigen Klimas fruchten die Esskastanien bereits und wir konnten 2015 schon das erste große Blech Maronen rösten. ☺

Allgemein ist es sehr schön zu beobachten, wie die Grundstruktur aus essbaren Wildgehölzen, Obstbäumen und Beerenobst ohne großes Zutun von Jahr zu Jahr wächst und das Gelände immer mehr Erträge abwirft. Die Geduld, die anfänglich aufgebracht werden musste, wird nun mehr und mehr belohnt.

Auch das positive Feedback von vielen Besuchern des Parks und Spaziergängern, die zufällig vorbei kommen, freut uns sehr. Bis auf eine anfängliche Ausnahme gab es keinen Widerstand gegen das doch recht unkonventionelle und andersartige Projekt.

## Weniger gute Erfahrungen mit Lerneffekt

Bei einem der Teiche haben wir zu tief gebaggert und sind auf eine Gesteinsschicht gestoßen. Dort versickert das angesammelte Regenwasser recht schnell, sobald nichts mehr nachkommt. Da sich dort aber gleichzeitig viele verschiedene Gehölze ausgesät haben, änderten wir das Konzept kurzerhand von „Teich" in „Auen-Wald" um.

Bei einem Kurs entstanden zwei Hochbeete, die an sich recht schön und praktisch sind. Allerdings haben sie einen hohen Wasserbedarf, was nicht so recht zu unserem extensiven Bewirtschaftungskonzept passen will, sondern eher zu einem Hausgarten. Oft musste jemand im Sommer nur wegen zwei Gießkannen Wasser zum Park radeln.

## Fazit der bisherigen Zeit

Nach sieben Jahren der Bewirtschaftung haben wir eine Vielzahl an Experimenten durchgeführt und so manches ausprobiert, von dem wir vorher nur gelesen hatten. Mit den daraus erlangten Erfahrungen konnten wir den Permakultur-Park von Jahr zu Jahr etwas effektiver, vielfältiger und sinnvoller gestalten. Und auch unsere eigene Sichtweise hat sich durch die mannigfachen Beobachtungen erweitert.

Die Grundstruktur aus langlebigen Gehölzen brauchte zwar einige Jahre, bis das Gelände Erträge abwarf, doch mittlerweile ist der eingebrachte anfängliche Input längst durch die Erträge des Projektes aufgewogen, die in den nächsten 50 Jahre noch weiter zunehmen werden. Neben den neuen Lebensräumen, der erhöhten Biodiversität und dem Beitrag zur Mäßigung des Klimas ist das Projekt auf lange Frist gesehen auch finanziell äußerst gewinnbringend. Die ersten paar Jahre, in denen mehr investiert werden muss als herauskommt, gilt es allerdings durchzuhalten. Für noch größere Projekte bietet sich daher wohl eine schrittweise Umgestaltung von konventioneller Bewirtschaftung hin zur Permakultur an.

Auch für die nächsten Jahrzehnte können wir uns auf spannende Beobachtungen einiger Langzeitexperimente freuen. Wie wird sich die unberührte Sukzessionsfläche entwickeln? Wird der „Auenwald-Teich" durch das herabfallende Laub doch noch dicht? Und welche Südfrüchte werden in der ausgewachsenen Wärmefalle ausreifen können? Die Zukunft bleibt spannend!

19 Gut gefülltes Feuchtbiotop nach dem Winter

20 Wie multifunktional ist unser Park? Nach Überprüfung anhand dieser Grafik ....sehr multifunktional!

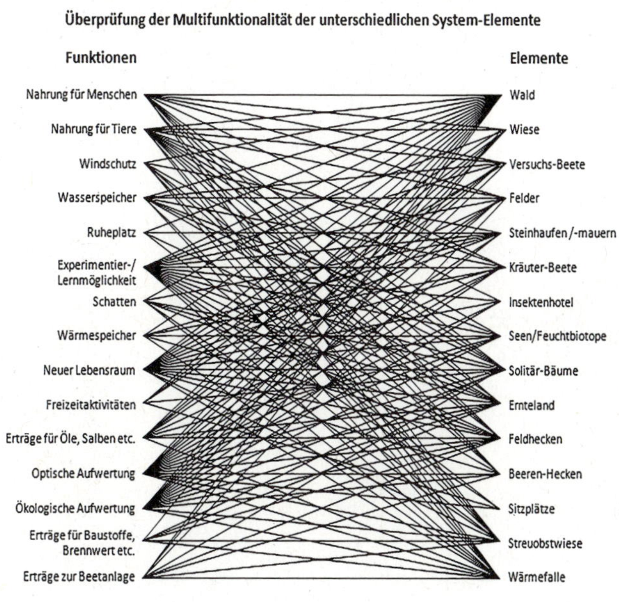

Tierhaltung ist in der Permakultur durchaus möglich, verlangt aber wegen Platzbedarf und Bodenverdichtung Augenmaß.

Der Weg durch hohe Gräser und Wildblumen ist nach dem Mähen gut beegehbar.

# Exkurs: Aufmaß-Techniken

Beim Aufmaß wird in Lagemessung und Höhenmessung unterschieden. Begonnen wird mit der Lagemessung (Aufmessen der horizontalen Ebene in der Draufsicht), anschließend folgt die Höhenmessung (Aufmessen der vertikalen Ebene als Vermerke in der Draufsicht) zu den benötigten Punkten.

## Lagemessung

Grundsätzlich werden alle Längen möglichst in der Waagerechten gemessen, da der spätere Plan in der Draufsicht auch lediglich die Waagerechte berücksichtigt.

- **Messung durch Triangulation**
  Hierzu bestimmt man zwei Basispunkte und misst von jedem Basispunkt einmal zu seinem aufzumessenden Objekt (z.B. von einer Hausecke zum Baum und dann von der anderen Hausecke zum Baum). Am Schreibtisch kann man dann einen Zirkel auf die gemessene Entfernung im jeweiligen Maßstab einstellen. Nun zieht man einen Bogen in Richtung Baum und wiederholt das von dem anderen Basispunkt aus, mit dem anderen Maß. Dort, wo sich die beiden Bögen treffen, steht der Baum.
  Es ist von Vorteil, wenn die Lage der Basispunkte schon bekannt ist (z.B. aus einem Bauplan des Hauses). Ansonsten misst man einfach die Entfernung der beiden Basispunkte und zeichnet diese zuerst in den Plan ein. So ist allerdings die Orientierung am Anfang schwierig und es kann sein, dass man später die Zeichnung nochmal verschieben oder drehen muss. Ein großes Papier mit viel Platz in alle Richtungen ist dabei von Vorteil.
  Es können bei jedem Gegenstand ein oder beide Basispunkte neu gewählt werden. In dem Beispiel kann z.B. der Zaunanfang von der einen Hausecke und von dem Baum aus gemessen werden. Es werden nur immer zwei Punkte benötigt und die Entfernung davon zu dem dritten Punkt. Verbindet man die drei Punkte miteinander erhält man ein Dreieck (daher Triangulation). Je gleichseitiger das Dreieck, desto genauer die spätere Übertragung in den Plan. Daher sollte man etwas darauf achten, dass die drei Punkte einen ähnlichen Abstand zueinander haben.
- **Messung über eine Grundlinie**
  Zu Beginn wird eine Grundlinie festgelegt. Diese sollte so platziert werden, dass sie an möglichst vielen aufzumessenden Punkten vorbei führt. Sie ist gerade anzulegen. Falls zwei Maß-

Prinzip der Triangulation

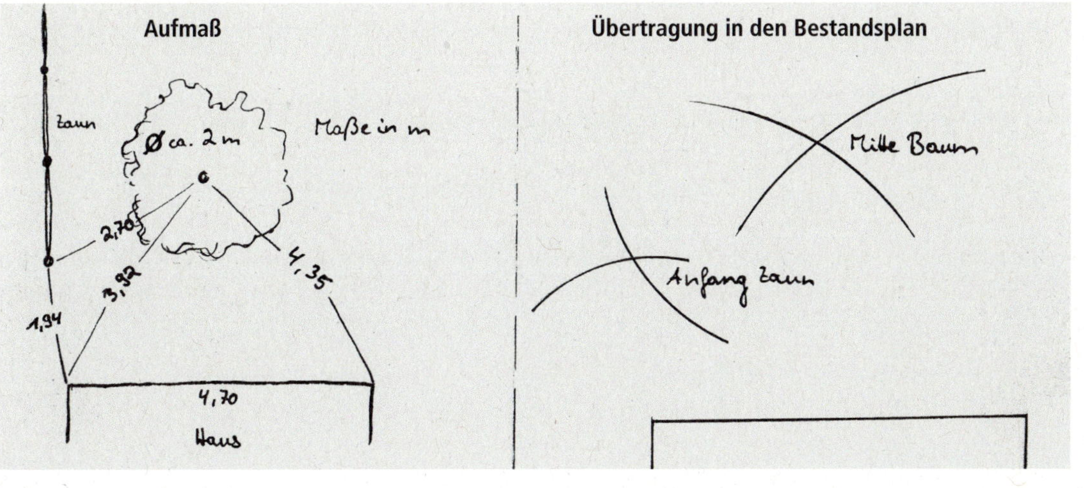

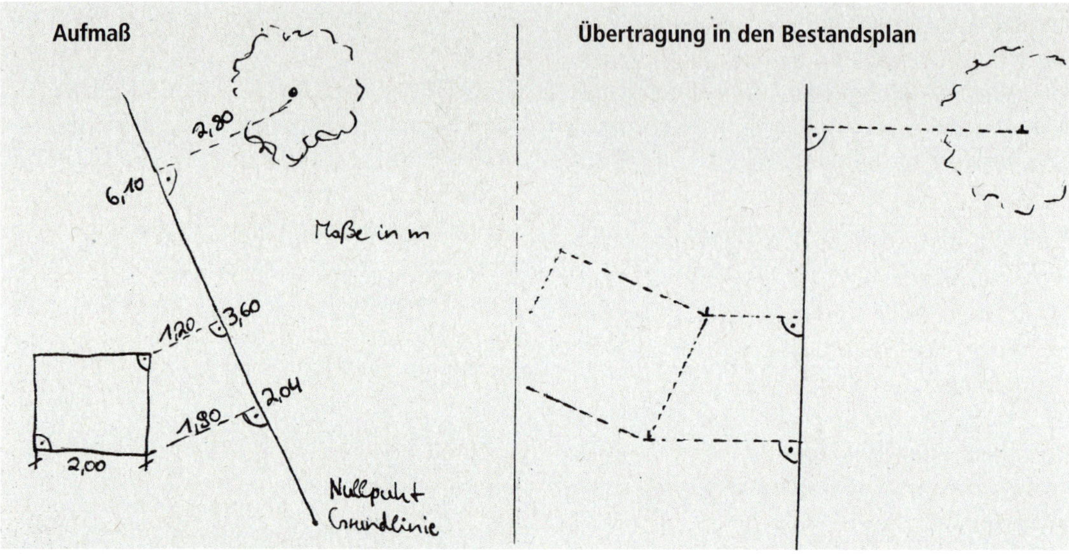


Prinzip des Aufmessens über eine Grundlinie

bänder zur Verfügung stehen, legt man eines als Grundlinie aus, ansonsten wird eine Schnur gespannt. Nun misst man jeweils vom aufzumessenden Gegenstand zur Grundlinie und zwar so, dass man im rechten Winkel auf die Grundlinie trifft. Hierbei ist ein kleiner Bau-Winkel hilfreich. Anschließend wird von dem Punkt des rechten Winkels auf der Grundlinie, zum Anfang der Grundline gemessen.

Im Plan kann man diese Maße dann leicht mit einem Geodreieck übertragen. Erst die Grundlinie einzeichnen, dann die gemessene Entfernung eintragen und von dort im rechten Winkel das zweite Maß in Richtung Gegenstand markieren.

## Höhenmessung

Nachdem die Lage der benötigten Punkte klar ist, werden die Höhen aufgenommen. Zuerst wird überlegt, welche Höhenbezüge man überhaupt für die Planung benötigt – z.B. die Höhendifferenz zwischen Fußboden-Oberkante im Haus und

Prinzip des Nivellierens

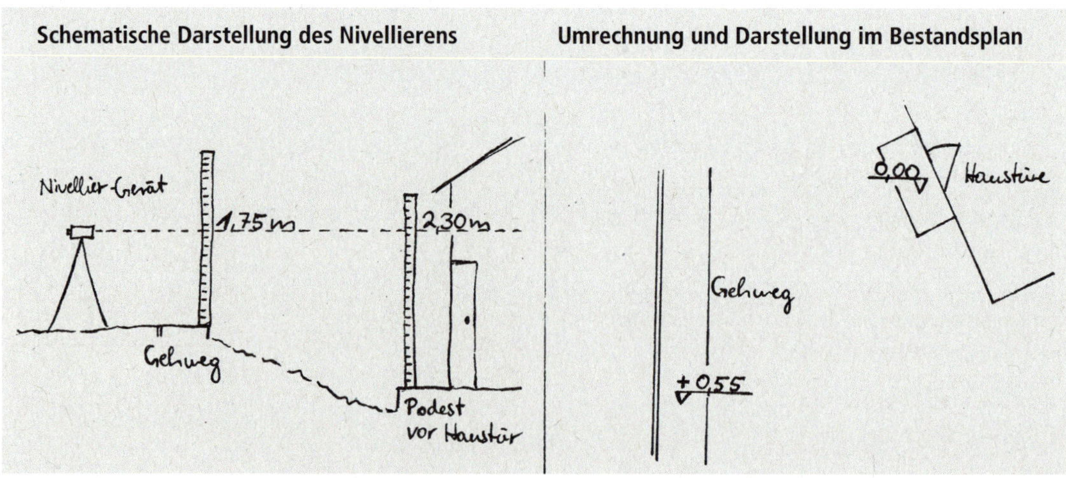

dem Straßenniveau, um die benötigten Stufen bzw. das Gefälle des Zugangswegs zu bestimmen oder den Unterschied zwischen Unterkante-Wassertank und Gemüsebeet wegen selbsttätiger Bewässerung ohne Strom, usw.

- **Nivelliergeräte**
  Die gängigste Methode der Höhenmessung ist das Messen mit einem Nivelliergerät. Diese gibt es in optischer Form (zum Durchschauen) und als Laser-Nivellier (mit Projektion von Licht). Für ein optisches Nivellier werden zwei Personen benötigt, eine hält die Messlatte, die andere schaut durch das Gerät. Mit dem Laser-Nivellier kann auch allein gearbeitet werden. Das Prinzip bleibt aber immer gleich: es wird ein waagerechter Horizont geschaffen, von dem aus jeweils die Höhendifferenz zu den verschiedenen Punkten gemessen wird. Für den Plan müssen diese Höhenmessungen dann nochmals umgerechnet und auf einen Höhenfestpunkt (Bezugspunkt) bezogen werden. Die Messlatte sollte beim Nivellieren möglichst senkrecht gehalten werden. Oft ist auch schon eine kleine Libelle eingebaut, um dies zu erleichtern.
  In der Skizze ist schon zu sehen: je tiefer der Punkt, desto größer die Zahl auf der Messlatte. Dies führt anfangs oft zu Verwirrungen – auch ein Grund, warum im Plan auf tatsächliche Höhen gegenüber dem Bezugs-(Null-)Punkt umgerechnet wird.
  Wer nur gelegentlich ein Nivelliergerät benötigt, kann sich ein solches bei einem Mietservice ausleihen. Überall, wo es Baumaschinen gibt, gibt es meist auch solches Zubehör.

- **Richtlatten**
  Mit Richtlatten oder auch einer geraden Holzlatte und einer Wasserwaage darauf können Höhendifferenzen über kürzere Entfernungen gemessen werden. Die Richtlatte auf den Ausgangspunkt legen, Latte waagerecht halten und am aufzumessenden Punkt mit dem Meterstab runter- oder hochmessen.

- **Schnur und Wasserwaage**
  Ist die Entfernung für die Richtlatte zu lang, kann auch einfach eine dünne Schnur an zwei

Optisches Nivelliergerät mit Messlatte (Beim Vermessen muss man zu zweit sein)

Laser-Nivelliergerät mit Empfänger an Messlatte mit Schieber (hier kann man alleine die Höhen aufnehmen)

Bei großen Projekten kann ein optisches Nivellier auch zum Fluchten verwendet werden.

Höhenunterschiede mit der Richtlatte messen

Wer keine Richtlatte zur Hand hat, kann sich auch mit einer geraden Holzlatte und Wasserwage behelfen.

Bei etwas größeren Entfernungen hilft eine waagerecht gespannte Schnur.

Eisen befestigt und diese mittels Wasserwaage ausgerichtet werden. Dann kann jeweils von der Schnur runter oder rauf gemessen werden. Achtung: Bei längeren Strecken kann die Schnur durchhängen. Dies kann durch einen Blick entlang der Schnur kontrolliert werden.

- **Schlauchwaage**
  Eine alte Methode für kurze bis mittlere Entfernungen und für eher kleinere Höhenunterschiede um viele Ecken herum ist das Messen mit der Schlauchwaage. Hierzu wird ein durchsichtiger Schlauch luftblasenfrei mit Wasser gefüllt und von je einer Person an jedem Ende gehalten. Solange beide Schlauchenden offen sind, ist das Wasser auf beiden Seiten auf gleicher Höhe. Nun kann vom Wasserstand der Bezug zu den aufzumessenden Punkten gemessen werden. Beim Herumtragen kann man einen Finger auf den Schlauch halten, damit das Wasser nicht ausläuft. Beim Messen aber unbedingt den Finger wieder entfernen, sonst nivelliert sich das Wasser im Schlauch nicht aus. Evtl. muss kurz gewartet werden, bis die Wassersäule sich beruhigt hat und nicht mehr hin und her schwappt.

- **Gefälle bestimmen**
  Bei gleichmäßig fallenden Strecken und Flächen genügt oft das Bestimmen eines Gefälles. Die Länge der Strecke hat man ja bereits aufgenommen, so kann auch der gesamte Höhenunterschied später ermittelt werden. Gemessen wird mit einer 100 cm langen Wasserwaage, die man auf einer Seite auf der Fläche aufliegen lässt und sie dann waagerecht hält. Am Ende der Wasserwaage wird nun der Höhenunterschied in cm mittels Zollstock gemessen. 1 cm Höhenunterschied auf einem Meter Länge entspricht einem Gefälle von 1%.

Bei steileren Böschungen wird oft der Böschungswinkel angegeben, der sich immer auf einen Meter Höhenunterschied auf der jeweiligen Strecke bezieht (z.B. „1 zu 3"). Das bedeutet, dass die Böschung auf drei Metern Strecke einen Meter fällt. Gefälle in Prozent können leicht zu einem Böschungswinkel hochgerechnet werden: 20% Gefälle = 20 cm Höhenunterschied auf 1 m Länge = 5 m Länge für 1 m Höhenunterschied = Böschungswinkel von 1:5.

## Aufmaß in einen maßstäblichen Plan übertragen

Das Aufmaß wird zunächst in eine grobe Skizze eingetragen, wobei natürlich die genauen Maßen notiert werden. Am Schreibtisch wird dieses dann in Ruhe und mit fester Unterlage als maßstäblicher Plan gezeichnet. Ein Maßstab von 1:100 ist der Standard für Hausgärten, bei kleinen Gärten mit vielen Details empfiehlt sich 1:50, bei parkähnlichen Anlagen eher 1:200. Der Maßstab gibt an, wie der Bezug vom tatsächlichen Maß in der Realität zu dem eingezeichneten Maß im Plan ist. 1:100 bedeutet, dass das Plan-Maß ein Hundertstel des tatsächlichen Maßes ist. Man kann also das tatsächliche Maß durch den Maßstab teilen und erhält so das Maß für den Plan.

Beispiel: Die Länge des Hauses wurde mit 12,78 m gemessen. Der Maßstab soll 1:100 sein. 12,78 m : 100 = 0,127 m. Das entspricht 12,78 cm. Es werden also 12,78 cm im Plan eingezeichnet. Sie sehen, beim Maßstab 1:100 ist es besonders leicht, da das Meter-Maß in der Realität direkt als Zentimeter-Maß für den Plan übernommen werden kann.

Als Hilfsmittel zum Übertragen des Aufmaßes in den Plan werden nur Bleistift, Lineal und Geodreieck für den rechten Winkel benötigt. Hat man über die Triangulation gemessen, braucht man zusätzlich noch einen Zirkel.

Gefälle mit der Wasserwage bestimmen

Böschungswinkel mit der Richtlatte ermitteln

# Literatur-Liste

Bücher und Zeitschriften, die ausführliche Beschreibungen zum Bau aller Garten-Elemente und –Bereiche liefern, gibt es zuhauf. Auch über typische Permakultur-Elemente gibt es bereits sehr gute und anschauliche Literatur. Daher wird in diesem Buch nicht noch einmal beschrieben, wie man ein Hochbeet oder eine Kräuterspirale anlegt. Aber einige Hinweise auf solche Bücher, versehen mit einer persönlichen Einschätzung, möchte ich Ihnen dennoch geben (die Reihenfolge bezieht sich auf mein Bücherregal und hat nichts mit Wertigkeit der Bücher und Verlage zu tun).

**Auf gute Nachbarschaft.** von Natalie Faßmann, Pala-Verlag, Darmstadt
Übersichtliches und kurz gehaltenes Büchlein, über Mischkulturen von Gemüse, Obst und Kräutern

**Das Insektenhotel.** von Wolf Richard Güntzel, Pala-Verlag, Darmstadt
Schön gestaltetes Buch über den Selbstbau von Insektenhotels, mit einigen Hintergrund-Infos über die Bewohner eines solchen

**Die Kräuterspirale.** von Irmela Erckenbrecht, Pala-Verlag, Darmstadt
Komplette und detailierte Bauanleitung von Kräuterspiralen, mit nützlichen Pflanzenporträts und einigen Rezepten

**Das Mulchbuch.** von Dettmar Grünefeld, Pala-Verlag, Darmstadt
Über die verschiedenen Möglichkeiten, den Boden zu bedecken, anhand der unterschiedlichen Ziele des Mulchens

**...weitere Bücher** aus dem Pala-Verlag
Zu fast jedem Garten-Thema hat der Pala-Verlag ein kleines Büchlein. Diese sind immer nett gestaltet und das jeweilige Thema wird gut und praxisnah abgedeckt. Allerdings auch nur dieses Thema. Ideal für Leute, die ihren Garten Stück für Stück gestalten möchten, ungeeignet wenn man mehrere Themenfelder in einem Buch braucht.

**Anders gärtnern.** von Margit Rusch, ökobuch-Verlag, Staufen
Kurze, praxisnahe Beschreibungen von fast allen typischen Elementen eines Permakultur-Gartens. Vermittelt guten Überblick, ohne jedoch bis in jedes Detail zu dringen.

**Einfach mähen mit der Sense.** von Bernhard Lehnert; ökobuch Verlag, Staufen
Alles über´s Sensen auf kleinem Raum und sehr anschaulich dargestellt. Ein super Buch, für alle die ihre Wiese effektiv und mit Muskelkraft mähen wollen.

**Mein Selbstversorger-Garten am Stadtrand** von Kurt Forster; ökobuch Verlag, Staufen
Beschreibung der Gartenaktivitäten eines Selbstversorgers, der Kreisläufe nach Prinzipien der Permakultur auf kleiner Fläche verwirklicht.

**...weitere Bücher** aus dem ökobuch-Verlag
Im ökobuch Verlag sind eine Reihe weitere Bücher über wertvolle Grund-Techniken und Kenntnisse erschienen. Von Stein-Arbeiten über die Verwendung von Frischholz bis hin zu essbaren Wildpflanzen für den Hausgarten. Viele farbige Bilder ergänzen anschaulich die Texte.

**Baumschul-Katalog.** von Lorenz von Ehren, ISBN 978-3-00-046771-4
Sehr umfangreiche und detailierte Beschreibungen aller üblichen Gehölze und deren Standortansprüche. Nach botanischen Namen geordnet, jedoch mit deutsch-botanischem Verzeichnis.

**Handbuch für Selbstversorger.** von Lichtheimat/Werner Pieper, Packpapier-Verlag, Osnabrück
Tolles, handgeschriebenes Buch mit einer Fülle an Tipps zur Selbstversorgung in Garten und Haus.

**Gärtnern im Biotop mit Mensch.** von Gerda und Evard Kleber, OLV-Verlag, Kleve
Schön gestaltetes Buch über das Zusammenleben von Mensch und Natur im selben Garten, mit vielen praxisnahen Tipps für den Garten-Alltag.

**Sepp Holzers Permakultur.** von Sepp Holzer, Leopold Stocker Verlag, Graz
Buch mit vielen netten Bildern und reichlich Erfahrungen über Landwirtschaft mit Permakultur.

**Handbuch Samengärtnerei.** von Andrea Heistinger, Arche Noah, Pro Specie Rara, Löwenzahn-Verlag, Innsbruck
Sehr umfangreiches und detailliertes Fach-Buch über die eigene Saatgut-Vermehrung, das immer verständlich und anschaulich bleibt.

**Alles über Gehölzschnitt.** von Helmut Pirc, Ulmer-Verlag, Stuttgart
Wie der Titel schon sagt: wirklich alles über den Gehölzschnitt. Zu jeder Pflanzenart werden genau die nötigen und möglichen Schnitte erklärt und anfangs natürlich erstmal alles Grundsätzliche zum Gehölzschnitt.

**...weitere Bücher** vom Ulmer-Verlag
Der Ulmer-Verlag ist für den grünen Bereich natürlich der Fachbuch-Verlag schlecht hin und hat eine entsprechend große Auswahl an Garten-Büchern aller Art. Dabei bildet vielfach bestätigtes Fachwissen den Grundtenor, kreative und neue Ansätze sind noch eher die Seltenheit.

# Weitere Bücher im ökobuch Verlag

## Anders gärtnern

Permakultur-Elemente im Hausgarten. Ob Kräuterspirale, Krater- bzw. Hochbeet, Kartoffelturm, Wurmfarm oder Erdgewächshaus mit Hühnerstall, bei allem dient die Natur als Vorbild. Mit vielen Anleitungen für einen Hausgarten, in dem die Bereiche harmonisch zusammenwirken und sich gegenseitig fördern. Von Margit Rusch. 96 Seiten, mit vielen farbigen Abbildungen, 16,95 €

## Mein kleiner Permakultur-Garten

300 kg Ernte auf 150 m² Fläche mitten in der Stadt. Der Autor Josef Chauffrey beschreibt die Kultivierung eines Reihenhausgartens nach Permakultur-Prinzipien und zeigt, wie sich beachtliche Ernteerfolge an Obst u. Gemüse erzielen lassen. 110 Seiten, mit vielen farbigen Abbildungen, 16,95 €

## Das Biogarten-Praxisbuch

Anleitung zum naturgemäßen Gärtnern in Bildern. Hier wird das notwendige Wissen vermittelt, um erfolgreich den Boden zu bestellen und reichhaltig gesundes Obst und Gemüse zu ernten. Susanne Bruns. 224 Seiten, viele Abbildungen, 18,95 €

## Permakultur im Hausgarten

Mit diesem Buch gibt der Autor einen Leitfaden an die Hand, wie ein Hausgarten Stück für Stück zum persönlichen und vielseitigen Permakultur-Garten gestaltet oder umgestaltet werden kann. Jonas Gampe. 144 Seiten, mit vielen Abbildungen, 16,95 €

## Auf 300 qm Gemüseland

... den Bedarf eines Haushalts ziehen. Wie man auf kleinstem Raum einen Nutzgarten anlegt und erfolgreich bewirtschaftet, können wir von unseren Vorfahren lernen. Mit schnellen, praktischen, alphabetisch geordneten Infos über die wesentlichen Pflanzen, über Anbau- und Arbeitsmethoden. Von Arthur Janson. Neugestalteter Nachdruck der Erstausgabe von 1926. 170 Seiten, 16,95 €

## Saatgut aus dem Hausgarten

Nach einer Einführung in die Saatgutgewinnung und in die Praxis der Vermehrung werden die nötigen Hilfsmittel, Ernte, Reinigung und Lagerung der Samen sowie Aussaat und Aufzucht beschrieben. Mit kurzen Pflanzenporträts aller im Hausgarten üblichen Kräuter, Gemüse und Blumen. Von Marlies Ortner. 138 Seiten, mit vielen farbigen Abbildungen, 19,90 €

## Trocknen und Dörren mit der Sonne

Bau & Betrieb von Solartrocknern. Ein Buch für alle, die einen funktionstüchtigen Solartrockner kostengünstig selbst bauen möchten, um Obst, Gemüse und Kräuter natürlich und hochwertig haltbar zu machen. Außerdem: Praxis des Trocknens mit vielen Tipps aus langjähriger Erfahrung. Herausgegeben von Claudia Lorenz-Ladener. 96 Seiten, mit vielen farbigen Abbildungen, 16,95 €

## Terrassen und Decks aus Holz selbst gebaut

Planungsüberlegungen, sinnvolle Konstruktionen, Materialempfehlungen. Viele Beispiele und Schritt-für-Schritt-Bilder vermitteln das Wissen zum Bau schöner Holzdecks. Von Peter Himmelhuber. 102 Seiten, mit vielen farbigen Abbildungen, 16,95 €

## Mein Garten lebt

Vögel, Schmetterlinge, Igel, Wildbienen und andere nützliche Tiere ansiedeln. Mit Bauanleitungen und Gestaltungsideen, um durch Nisthilfen, Schlafquartiere u.ä, Gärten tierfreundlich zu gestalten. Von Peter Himmelhuber. 96 Seiten, mit vielen farbigen Abbildungen, 16,95 €

## Natürlich konservieren

Die 250 besten Rezepte, um Gemüse und Obst möglichst naturbelassen haltbar zu machen und ein maximum an Vitaminen, Nährstoffen und Geschmack zu erhalten. Herausgegeben von Terre Vivante. 160 Seiten, mit vielen Abbildungen, 16,95 €

## Trockenmauern für den Garten

Bauanleitung & Gestaltungsideen. Ob Sitzplätze oder Hochbeete einzufassen, eine Hangfläche zu terrassieren oder das Grundstück einzugrenzen: Mit einfachen Werkzeugen kann jeder kostengünstig eine schöne und dauerhafte Trockenmauer selbst bauen. Von Jana Spitzer und Reiner Dittrich. 96 Seiten, mit vielen farbigen Abbildungen, 16,95 €

## Hütten von Kindern selbst gebaut

Das Buch zeigt schön illustriert, wie Kinder ohne großen Aufwand ihr eigenes kleines Reich erschaffen können, mit Baumaterialien, die fast alle draußen zu finden sind: Spielhäuschen, Kuppelbau, Schlupfwinkel, Beobachtungsversteck. Ab 8 Jahre. Von Louis Espinassous. 58 Seiten, mit vielen Abbildungen, 16,95 €

## Kleine Baumhäuser und Hütten

… kinderleicht gebaut. Hier wird gezeigt, wie Baum- und Stelzenhäuser gebaut werden können. Mit Anleitungen für verschiedene Konstruktionen und Bildern von realisierten Beispielen. Von David Stiles. 96 Seiten, mit vielen farbigen Abbildungen, 16,95 €

## Holzbacköfen im Garten

Detaillierte Bauanleitungen vom einfachen Lehmofen bis zum gemauerten Brotbackhäuschen. Mit vielen Erfahrungen und Ratschlägen sowie pfiffigen Tipps und Rezepten. Herausgegeben von Claudia Lorenz-Ladener. 138 Seiten, mit vielen Abbildungen, 17,95 €

## Gestalten mit Stein im Garten

Pflastern von Wegen, Terrassen und Zufahrten, Anlegen von Treppen und das Errichten von Mauern und Hangbefestigungen, mit Hinweisen zur Materialwahl, zu Aufwand und Kosten, und mit Anregungen für eigenes Schaffen. Von Peter Himmelhuber. 126 Seiten, mit vielen farbigen Abbildungen, 16,95 €

## Naturkeller

Grundlagen der Kühllagerung und Anleitungen für Planung und Bau naturgekühlter Lagerräume im Haus und Freiland. Von Claudia Lorenz-Ladener. 140 Seiten, mit vielen Abbildungen, 19,90 €

## Gestalten mit Holz im Garten

Bodenbeläge, Holzdecks, Zäune, Rankgerüste, Lauben. Bauanleitungen und Gestaltungsideen für Nützliches und Dekoratives aus Schnittholz und aus grünem Holz. Von Heidi Howcroft. 136 Seiten, mit vielen Abbildungen, 18,95 €

## Einfache Lauben und Hütten selbst gebaut

Einfache Paradiese zum Selbstbauen. Bauanleitungen für schnell zu errichtende Behausungen (Tipi, Baumhaus, Kuppelbau, Hogan etc.), sowie für schöne Lauben für den Garten oder die freie Natur. Von Claudia Lorenz-Ladener. 160 Seiten, mit vielen farbigen Abbildungen, 16,95 €

## Kleine grüne Archen

Passivsolare Gewächshäuser als Alternative zum transparenten Standard-Gewächshaus. Das Buch zeigt, wie Solargewächshäuser freistehend, angelehnt oder teilweise in der Erde versenkt auch selbst gebaut werden können. Von Claudia Lorenz-Ladener. 128 Seiten, mit vielen farbigen Abbildungen, 22,90 €

## Mit Weiden bauen

Anleitungen für Zäune, Laubengänge, Wigwams, Sitzplätze und grüne Kuppeln. Arbeiten mit lebendem Material, aus dem sich viele schöne, nützliche Dinge herstellen lassen.
Von Jon Warnes. 60 Seiten, mit vielen farbigen Abbildungen, 16,95 €

## Färben mit Pflanzen

Färbepflanzen - Rezepte - Anwendung. Aufbereitung und Anwendung heimischer Färbepflanzen zum Färben von Wolle und Stoffen werden in zahlreichen Rezepten detailliert beschrieben.
Von Dorit Berger. 96 Seiten, mit vielen farbigen Abbildungen, 16,95 €

## Bauen mit Frischholz

Vom Spalier bis zur Laube – frisches grünes Holz ist ein ausgezeichnetes Material, um daraus nützliche Gartenobjekte herzustellen. Mit Schritt-für-Schritt-Anleitungen für Pflanzbehälter, Spaliere, Bänke, Lauben usw. Von Alan und Gill Bridgewater. 80 Seiten, mit vielen Abbildungen, 16,95 €

## Essbare Wildpflanzen aus dem Hausgarten

150 Arten: Obst, Kräuter, Gemüse. Wie eine dauerhafte Pflanzenlandschaft aus fruchttragenden Bäumen und Sträuchern, wilden Stauden sowie Kräutern und essbaren Bodendeckern geschaffen werden kann. Mit mehr als 70 Pflanzenporträts essbarer Wildfrüchte, Wildkräuter und Wildgemüse und Tipps zu deren Verwertung. Von Marlies Ortner. 126 Seiten, mit vielen Abbildungen, 16,95 €

## Bunte Körbe aus Gräsern und Kräutern

Die Technik des Korbwickelns neu entdeckt. Anleitungen zur Herstellung von bunten Körben durch Wickeln und Vernähen von Strängen aus heimischen Faserpflanzen. Mit vielen Schritt-für-Schritt-Anleitungen. Von Walter Friedl. 96 Seiten, mit vielen farbigen Abbildungen, 17,95 €

## Hauserneuerung

Instandsetzen - Modernisieren - Energiesparen - Umbauen: mit Anleitung zur Selbsthilfe. Das Buch beschreibt ausführlich den behutsamen, handwerklich sachgerechten und umweltverträglichen Umgang mit alter Bausubstanz. Von G. Haefele, W. Oed und L. Sabel. 256 Seiten, mit vielen Abbildungen, 36,- €

## Vom Altbau zum Effizienzhaus

Energietechnische Gebäudesanierung in der Praxis: Nachträgliche Wärmedämmung der Gebäudehülle, Fenstererneuerung, sowie Sanierung der Haustechnik einschließlich Lüftung, Heizung, Sanitär und Elektro. Hrsg. von Ingo Gabriel und Heinz Ladener. 200 Seiten, mit vielen farbigen Abbildungen, 28,90 €

## Praxis: Holzfassaden

Material, Planung, Ausführung. Das Buch zeigt nicht nur die gestalterischen Möglichkeiten moderner Holzfassaden, sondern stellt zahlreiche vorbildliche Beispiele und Detaillösungen mit Ecken, Sockel, Dach- und Fensteranschlüssen vor. Von Ingo Gabriel. 112 Seiten, mit vielen farbigen Abbildungen, 28,- €

## Handbuch Lehmbau

Umfassendes Lehrbuch und Nachschlagewerk: Es zeigt Einsatzmöglichkeiten, Eigenschaften und Verarbeitungstechniken des Baustoffes Lehm. Mit Forschungsergebnissen und Beschreibungen ausgeführter Lehmhäuser. Von Gernot Minke. 222 Seiten, mit vielen Abbildungen, 38,- €

## Neues Bauen mit Stroh in Europa

Bauen mit großformatigen Quadern aus gepresstem Stroh: gebaute Beispiele, erprobte Bauformen und Konstruktionen, Besonderheiten, neue Projekte und Forschungen. Von H. u. A. Gruber u. H. Santler. 112 Seiten, mit vielen Abbildungen, 16,95 €

## Handbuch Strohballenbau

Ein Konstruktions-Handbuch, das Konzeption, Bautechnik und alle Details beschreibt, um aus Strohballen gut gedämmte, dauerhafte Häuser zu bauen. Mit vielen Konstruktionsdetails und Beispielen. Von Gernot Minke und Benjamin Krick. 152 Seiten, mit vielen farbigen Abbildungen, 29,90 €

## Haus der Zukunft

Ein Drittel aller Treibhausgase entsteht (noch) bei uns Zuhause. Das Buch möchte motivieren und zeigen, wie unser Zuhause in 20 bis 40 Jahren aussehen könnte und welche Wege dorthin führen. Von Simon Grieger. 196 Seiten, mit vielen farbigen Abbildungen, 24,90 €

## Regenwasser für Garten und Haus

Ein kompetenter Ratgeber für Planung und Bau von Regenwassersammelanlagen nach dem Stand der Technik: Bemessung, Genehmigung, Speichertanks, Pumpen, Rohrleitungen, Zubehör. Von Karlheinz Böse. 96 Seiten, mit vielen Abbildungen, 16,95 €

## Autonome Stromversorgung

Auslegung, Aufbau und Praxis autonomer Stromversorgungsanlagen mit Batteriespeicher für Beleuchtung und für netzferne Handwerks- u. Landwirtschaftsbetriebe. Von Philipp Brückmann und Georg Bopp. 126 Seiten, mit vielen Abbildungen, 22,90 €

**Unsere Bücher erhalten Sie in allen Buchhandlungen.**
**www.oekobuch.de · E-Mail: verlag@oekobuch.de**

ökobuch
*Zukunft leben*